GOLDMANN
ESOTERIK

Über den Autor:

Herman Weidelener wurde am 21. April 1903 in St. Bartholomae (Schwäb. Alb) als dritter Sohn des evangelischen Pfarrers Ernst Max Weidelener geboren. Er studierte nach Besuch des humanistischen Gymnasiums Philosophie, Theologie und Musikwissenschaften in Tübingen, Berlin und Rostock. 1924 schloß er sich der von Rudolf Steiner begründeten religiösen Erneuerungsbewegung an, in der er bald eine führende Funktion einnahm. Zuletzt übte er diese Tätigkeit in Augsburg aus, löste sich aber 1933 von der Anthroposophie und gründete die Religionsphilosophische Arbeitsgemeinschaft, die er bis zu seinem Tod leitete. Nach 1933 verfolgte ihn das nationalsozialistische Regime mit Arbeitsverbot und Haft.

Nach dem Zweiten Weltkrieg sah Herman Weidelener seine Aufgabe darin, über den materiellen Neubeginn hinaus auf eine geistige Erneuerung hinzuarbeiten. Neben seinen Hauptarbeitsgebieten – Religionsphilosophie, Mythos, Sprachphilosophie und Forschungen zu einer zeitgemäßen Sicht des Neuen Testaments – entwickelte er daher die Meditation zu einem zentralen Element geistiger Erkenntnis.

In zahlreichen öffentlichen Vorträgen, die während der Jahre 1957 bis 1960 in Augsburg, München und Stuttgart gehalten wurden, entstanden so vier Vortragszyklen über Inhalt und Praxis der Meditation. Aus philosophischer Sicht knüpfte Herman Weidelener dabei an Friedrich Nietzsche und Martin Heidegger an. Gab Nietzsche seinem letzten Werk »Ecce homo« den Untertitel: »Wie man wird, der man ist«, so ist für Heidegger »Mensch-Sein« bestimmt durch Möglichkeit. Gemeint ist hier die Möglichkeit, durch Erkenntnis, Wille und Einübung sich selbst zu schaffen, zu werden, der man ist.

Um dieses Werden handelt es sich in der Schulung Herman Weideleners, die mit Büchern innerhalb der Reihe Goldmann Esoterik zum ersten Mal einer größeren Öffentlichkeit zugänglich gemacht werden. Meditation wird hier als Mittel aufgefaßt, zu der Mitte vorzudringen, die »Ich« in Wirklichkeit bin und dem Versuch, von dieser erfahrenen Mitte aus, Seele und Leib mit Bewußtsein zu durchdringen und zu einer ganzheitlichen Lebensgestaltung zu gelangen.

Herman Weidelener starb am 17. November 1972.

Von Herman Weidelener sind bereits
als Goldmann-Taschenbücher erschienen:

Abendländische Meditation · 11782
Die Götter in uns · 11802

Herman
WEIDELENER

Wege zum Dasein

Aufgaben auf dem Weg einer inneren Schulung

GOLDMANN VERLAG

Der Goldmann Verlag
ist ein Unternehmen der Verlagsgruppe Bertelsmann

Made in Germany · 2/88 · 1. Auflage
Genehmigte Taschenbuchausgabe

Umschlaggestaltung: Design Team München
Umschlagillustration: Design Team München
Druck: Elsnerdruck, Berlin
Verlagsnummer: 11818
Lektorat: Michael Görden
Herstellung: Heidrun Nawrot
ISBN 3-442-11818-2

»Wir kommen für die Götter zu spät
und zu früh für das Seyn.
Dessen angefangenes Gedicht ist der Mensch.«

Martin Heidegger

»Informiertsein«, das ist eine der Suggestionen unseres Kultur- und Lebensverständnisses. Fast pausenlos werden wir über alles und jedes – meist recht oberflächlich – informiert. Unmerklich vertieft sich ein Riß in diesem so von außen gesteuerten Menschen und seinem persönlichen Leben und Erleben. Das Eigene wird zugedeckt; seine Entfaltungsmöglichkeit verkümmert. So schwindet auch die Kraft eines kreativen – zu deutsch: schöpferischen – Umgangs mit sich, den eigenen geistigen Fähigkeiten.

In alten Mythen steht der Baum als Symbol für den Menschen. Er besitzt die Fähigkeit, aus der Tiefe seines Seinsgrundes Nahrung zu finden. Im menschlichen Ebenbild scheint diese Fähigkeit zu schwinden. Sein Baum kümmert und droht zu verkümmern, weil die Wurzeln ihre produktive Kraft verlieren. Wie können sie gesunden? Wie kann dieser Baum zu neuer Lebenskraft für sein ureigenstes Dasein in der Welt aus der Tiefe des Seinsgrundes finden?

Das Dilemma dieser Frage wird von vielen gefühlt, und es werden Auswege gesucht. Warum wehren sich die Menschen aber zugleich gegen die Bevormundung durch ethische Maximen, die ihrem Wollen und Denken fremd, ja aufgezwungen erscheinen müssen?

Friedrich Nietzsche hatte die Fragwürdigkeit überkommener »Moralen« zum Gegenstand seiner Kritik gemacht und die Forderung nach einer philosophischen Neuorientierung erhoben, die den seelisch-geistigen Kräften im Menschen Freiheit und Entfaltungsmöglichkeit gäbe.

Diesen hier nur angedeuteten Problemkreis geht Herman Weidelener in den folgenden Abschnitten dieses Buches in einer sorgfältigen Analyse an. Dabei wird klar, daß eine Umorientierung der Bestimmung des Menschen von außen auf eine innere, die eigenen schöpferischen Kräfte fordernde und fördernde Ebene nicht auf einmal und unvorbereitet möglich ist. Es bedarf dazu einer Einübung, ja, Schulung.

Eine konsequente Befolgung des Weges ist notwendig. Wie leicht läßt man sich durch geistige Trägheit und durch die Verführung all der konsumptiven Medien der Zeit von dem Entschluß abbringen, seine eigene schöpferische Phantasie zu trainieren, und endet im Katzenjammer und einem schalen Geschmack des Lebensgefühls.

Dieses Buch ist schwer und leicht zugleich: schwer, weil es keine Illusionen läßt, keine Versprechungen macht; leicht, weil der Leser sich in seinen existentiellen Nöten im Kampf um ein Leben aus seiner Mitte angesprochen und verstanden fühlt.

Man spürt an der Spontaneität und Freimütigkeit der Äußerung noch den Ursprung: eine Vortragsreihe vor einem interessierten Hörerkreis vor fast 30 Jahren.

Wer die Anregungen von Herman Weidelener aufgreift, ihnen »folgt« – ein altes, heute in unserer Sprache nur ungern gebrauchtes Wort –, wird Grund finden – seinen eigenen. Seine geistigen Wurzeln werden erneuert. Das Wasser des Lebens wird sie umspülen und nähren. Lebenslust und Frische werden ihn beflügeln – wie den alten König im Märchen.

Christian Gernhardt

I

Auf dem Gebiet einer inneren Wesens-Bildung sind wir im Abendland in einer sehr schwierigen Situation. Wir finden in uns ein intellektuelles Wissen angehäuft, das uns eine Art gedanklicher Überlegenheit verleiht. Zugleich erleben wir, daß das, was wir da gestapelt haben, in keiner Weise unserer wirklichen Lebensführung entspricht. Viele empfinden das vielleicht gar nicht, vielen ist es aber auch eine sehr schmerzhafte Erfahrung.

Es klafft also ein Abgrund zwischen den Möglichkeiten einer realen Lebensführung und einem großartigen, gigantischen Wissen. An vielen Stellen unseres Lebens können wir diesen Abgrund ruhig ertragen. Aber dort, wo es um die Fragen des eigenen Wesens geht, leiden wir daran tief.

Die meisten Verwirrungen entstehen dadurch, daß der Mensch sein originales Erleben mit seinen theoretischen Kenntnissen in Zusammenhang zu bringen versucht, daß er seine originalen Erlebnisse dem Gericht dieses theoretischen Wissens unterbreitet und von dorther beurteilen läßt.

Hier begegnen sich zwei Gruppen geistiger Kräfte: die geistige Kraft, die hinter dem Wissen und seinen Einzelheiten steht, und die geistige Kraft, die hinter dem Menschen und seinem Erleben steht. Der Mensch ist nun der irrtümlichen Meinung, was er aus der Begegnung mit dem theoretischen Wissen entnimmt, sei richtig – und er merkt nicht, daß er vielleicht nur Teile wahrgenommen hat oder daß er überhaupt nicht die Fähigkeit besitzt, das ihm Begegnende wirklich zu erfassen oder gar zu begreifen. So wird das Bild, das sich der Mensch von dem ihm Begegnenden macht, etwas ganz anderes als es in Wirklichkeit ist.

An dieser Stelle setzt meine Arbeit ein. Ich versuche von der Welt zu sprechen, die dem Menschen in seinem Innern begegnet, und ein Verständnis für sie zu entwickeln. Und zwar kann es sich dabei nur um Vorspiele, um Vorstufen handeln – gerade weil die Mißverständnisse hier, im Vorgelände, am tiefsten wurzeln.

Das Mißverständnis beginnt, wenn wir nur ein Wort aus unserem Thema aufgreifen, das Wort: Aufgabe. Was verstehen die Menschen alles unter „Aufgabe!"

Sie begegnen diesem Begriff in ihrer geistigen Welt. Hinter diesem Begriff steht eine geistige Macht. Der Einzelne versucht nun, auf seine Weise dieses Begegnende zu begreifen und kommt, wie wir beobachten können, in die größten Irrtümer.

Was ist Aufgabe?

Wir pflegen im Zusammenhang mit der Schule von Aufgaben zu sprechen. Da heißt es zum Beispiel: „Ich habe heute Rechnungen zu machen, das ist meine Hausaufgabe." Aber hier handelt es sich nicht um eine Aufgabe, hier handelt es sich um etwas ganz anderes: etwas Auferlegtes, eine Forderung, eine Pflicht, eine Last – aber nicht um Aufgabe. Ein Schullehrer kann überhaupt nicht Aufgaben stellen; diese Bezeichnung entstammt einem Mißverständnis. Aufgabe ist etwas ganz anderes.

Ein anderes Beispiel: ist das eine Aufgabe, wenn eine Hausfrau einen Korb voll Kirschen waschen, abzupfen, entsteinen und einkochen muß? Sie sieht diesen Berg von Obst vor sich, hinter ihm bildhaft die einzelnen Phasen des zu Tuenden. Und in irgendeiner Weise weht durch ihren Seelenraum der Begriff der Aufgabe. Ist er hier am Platze, wenn wir das in Betracht ziehen, was der Mensch jetzt selbst meint? Keineswegs: auch das ist keine Aufgabe. Aufgabe ist etwas ganz anderes.

Wohl kommt in einem solchen Zusammenhang das Wesen der Aufgabe in den Raum des Menschen herein – aber nicht im Sinne der üblichen Auffassung. Wenn in diesem Zusammenhang der Begriff der Aufgabe auftaucht – das Auftauchen eines Begriffes stellt immer einen geistigen Akt dar, der sich im Menschen vollzieht; ohne einen solchen dringt kein Gedanke, kein Begriff in den Menschen ein (es fällt dem Menschen ein, Gedanke und Begriff fallen in den Menschen hinein) –, dann meint dieses geistige Wesen der Aufgabe das, was der Mensch dabei als Rolle zu übernehmen hat, nämlich: die Selbstaufgabe!
„Aufgabe" bedeutet eine Anweisung für die Haltung des Menschen. Angesichts der Kirschen – dies ist ein einfaches Beispiel für etwas, das im Leben in tausend Variationen immer wieder vorkommt – stellt sich für den Menschen vom geistigen Hintergrund her die entscheidende Frage: Bist du bereit, dich aufzugeben?
Das erfordert Außerordentliches. Es ist das, was Petrus, als er den Meister auf dem Wasser wandeln sah, plötzlich fühlte: daß er aus dem Schiff heraustreten und dem Meister entgegengehen muß. Wir wissen, daß es ihm nicht gelungen ist.
Aber hier liegt das Problem. In dem Augenblick, da ich das erkenne, weiß ich, daß weit wichtiger als die Vorstellung davon zu haben, was mit den Kirschen zu geschehen hat, ist, mich selbst in die richtige Verfassung zu bringen, in die Haltung der Aufgabe.
Das ist für mich nur insoweit möglich, als ich im Augenblick das Gelände meines Wesens überschaue.
Ich habe einige Möglichkeiten. Ich kann meine Gedankenwelt einer Prüfung unterziehen. Ich stelle an mich als das denkende Wesen die Frage: „Willst du dich in deinem Gedanklichen aufgeben?" Das bedeutet, daß ich meinen Ge-

dankenraum ganz mit dem erfülle, was mir als Forderung entgegenkommt – urbildlich dargestellt in dem Märchen von der Goldmarie und der Pechmarie. Die Goldmarie ist eindeutig bereit, in der jeweiligen Forderung sich selbst ganz aufzugeben – nicht nur im Gedanklichen, sondern im ganzen Wesen. Sie ist so geöffnet, daß sie sieht, was die Dinge und Wesen um sie herum erwarten, verlangen, erflehen: das fertig gebackene Brot im Ofen, die reifen Früchte am Baum und die Königin der Unterwelt, Frau Holle. Immer steht die Goldmarie mitten in den Ereignissen; sie sieht ihre Forderungen, und gibt sich selbst darüber vollkommen auf.

Gelänge es, uns in einer solchen Forderung gegenüber wenigstens unserem Gedankenraum aufzugeben – *was* könnte entstehen! Aber wir können – sobald wir uns kontrollieren – feststellen, wie schauerlich es damit in Wirklichkeit steht, wie müde und blaß die Teilnahme unserer Gedanken an einer solchen Forderung ist. Wie viel lieber läse man jetzt ein Buch, einen Hegel, Schelling oder Weidelener (auch das kommt vor!), und wie viel vernünftiger wäre das, als jetzt Kirschen einzukochen! Oder man denkt, wie viel sinnvoller es wäre, jetzt zu meditieren (obwohl man sonst nie meditiert), oder man denkt an eine Belanglosigkeit aus dem Alltäglichen. Vielleicht denkt man nur daran, was es zu Mittag gegeben hat – und in gleicher Weise wird an all diesen Stellen deutlich, daß die *Aufgabe* nicht erfüllt wird, *die Aufgabe nicht vollzogen wird!*

Für den Menschen kommt es in diesem Zusammenhang auf die Tätigkeit selbst gar nicht an, sondern auf diesen Vollzug der Aufgabe.

Das ist die einzige, wirkliche, entscheidende Frage, vor die der Mensch hier gestellt ist: „Wirst du als ein denkendes Wesen dich aufgeben?“

Im gedanklichen Raum gelingt es mit einiger Mühe rasch.

Das ist ein relativ einfaches Unternehmen. Schwieriger wird es im Bereich der Gefühle. Wieviele Klagen der Menschen hören wir über das, was sie alles tun müssen, wozu sie gar keine Lust haben, was sie langweilt, was öde ist, was erschreckend ist, was sie erleiden in den alltäglichen Berufen! Alle „spirituellen" Menschen („spirituell" in drei Anführungszeichen!) sind ja letztlich der Meinung, daß sie a priori zu einem Engeldasein in dieser Welt prädestiniert seien und es eigentlich ein Irrtum des Schicksals sei, daß sie etwas tun müssen. Natürlich ist es für jemand, der glaubt, die Berufung zu haben, ein neuer Goethe zu werden, eine schwierige Angelegenheit, morgens erst einmal sechs Paar Schuhe putzen zu müssen. Aber wenn er nun wirklich statt dessen dazu käme, seine Gedichte zu machen, dann bedeutete das ja keine Aufgabe, sondern einen erhöhten Selbstgenuß.
Aufgabe beginnt da, wo dieser Mensch einfach alles, was in seinen eigenen Gefühlen und Empfindungen rumort, wegwirft, weil er etwas erfaßt hat von dem Mysterium der Aufgabe an ein anderes, der Aufgabe um der Schuhe willen, um der Brote willen, die zu bestreichen sind, um des Salates willen, der zu putzen ist (— ich beziehe meine Beispiele ja gerne aus den Tätigkeiten, die von den Menschen so oft leichtfertig behandelt werden). Hier beginnt sie! Immer steht das Wort Aufgabe vor uns, und mit ihm die Frage: Wie weit hast du dich aufgegeben?
Ich brauche wohl nicht noch von der Willenseinstellung zu sprechen, sie ergibt sich daraus ohne weiteres und bedarf keiner näheren Worte.
Das ist also die Frage, die wir an uns zu stellen haben: „Wie weit sind wir fähig und bereit, uns aufzugeben?
Ich habe nur an diesem Wort als einem Beispiel dargestellt, in welchen Verwirrungen wir heute leben in dieser Spannung zwischen unserem persönlichen Lebensgefühl und Erlebnis

einerseits und dem gedanklichen Oberbau andererseits. Wir jonglieren fortwährend mit der Vorstellung von Aufgaben und entdecken eines Tages, daß wir überhaupt nicht begriffen haben, worum es sich dabei handelt. Wir haben immer das im Auge, was auf uns zukommt und merken nicht, daß das gar nicht das Entscheidende ist, sondern das, was aus uns herauskommt, was aus uns herauskommen sollte, nämlich: die Aufgabe!

Unlängst tauchte bei einer Unterhaltung über dieses Thema die Frage auf, ob man nicht schöner „Hingabe" sage. Ich fuhr lebhaft auf und erklärte, daß das gerade nichts mit dem Gemeinten zu tun habe. Das Wort „Hingabe" entstammt dem Reservat eines eitlen Selbstgenusses, bei dem man eben doch feststellt, wie schön man es macht, wie wunderbar man sich hingegeben hat, und so weiter. Und gerade das ist hier nicht „gefragt". Hingabe ist ein Wort, das die seelische Eitelkeit des Abendlandes erfunden hat. Aufgabe ist das nüchterne und strenge Wort des Geistes!

Dabei ist kein Gedanke daran möglich, ob ich etwas gewinne, ob ich verliere, ob etwas aus mir wird, ob nichts aus mir wird; alles das ist ganz gleichgültig. Ich habe keine Möglichkeit, daran zu denken, denn in meinen Gedanken und in der Gerichtetheit meiner Empfindungswelt ist nur das andere, das auf mich zukommt.

Nun verstehe ich, was das Andere ist. Wenn das Andere für mich nicht das Ändernde wird, hat die Begegnung keinen Wert! Wenn das Du, das mir begegnet, nicht mein Ich verschlingt und auslöscht, ist die Begegnung nichtig verlaufen, und es entwächst ihr kein Wert.

Wenn ich ein wenig über solche Irrtumsmöglichkeiten nachgesonnen habe, gewinne ich vielleicht eine Ahnung von der ungeheuer großen Frage, die sich vor mir auftürmt und die ich in irgendeiner Weise in Angriff nehmen muß.

In dem inneren Betracht ergibt sich nun sofort die Möglichkeit – ich könnte auch sagen: der Verdacht –, daß der Mensch sich etwa verpflichtet, gedrängt oder gezwungen fühlt zu einer solchen Haltung der Aufgabe.
Hier kommen wir an einen ganz entscheidenden Punkt unserer gesamten Betrachtung.
Wenn man nur ein wenig über das hinausliest, was in den Veröffentlichungen unserer Tage, zum Beispiel in der Zeitung steht, dann wird ganz evident, daß das Zeitalter Moses vorüber ist. Mose steht nur als Prototyp für eine ganze Reihe anderer Gestalten, die dem Abendland zufälligerweise unbekannter geblieben sind. Alle die großen geistigen Führer sahen ihre Mission darin, der Menschheit das Moralgesetz zu vermitteln, dieses: du sollst dies oder jenes tun, du sollst dies oder jenes nicht tun. Der Wert, den diese Einrichtung im Laufe der Geschichte hatte, liegt heute vor aller Augen, wie natürlich auch ihre Schatten.
Wir leben in einer Zeit, in der diese Mauer eingerissen wird. Man kann nicht einmal sagen, daß Menschen in sehr bewußter Weise daran arbeiten; es kommt vielmehr aus ihnen hervor. In der Zeitung lesen wir selbstverständlich nur von den extremen Fällen, die sich in diesem Zusammenhang ereignen; aber diese extremen Fälle schärfen uns den Blick dafür, auch in unserer engeren Umgebung diese Aufhebung oder diese Zerstörung zu beobachten.
Das Gesetz Moses ist insofern psychologisch sehr klug veranlagt, als es an eine Seite des Menschen appelliert, an der er leichter ansprechbar ist, nämlich jene, der man mit dem „Du sollst nicht!“ begegnet. Durch die religiöse Tradition haben sich diese Gebote sehr stark eingeprägt, zumal es sich um sehr sinnfällige, drastische Vorschriften handelt. Man merkt sich sehr leicht: „Du sollst nicht töten!“, „Du sollst nicht stehlen!“ „Du sollst nicht ehebrechen!“ – man merkt

es leichter als etwa: „Du sollst Gott über alle Dinge lieben!" – was zwar nicht im Dekalog* steht, aber doch auch in diese Reihe gehört.

Auf den Gedanken, daß dem Dekalog des „Du sollst nicht!" eine Entsprechung an die Seite zu stellen wäre mit dem „Du sollst!", kommt das moderne, dialektisch geschulte Denken sehr leicht. Wäre Mose psychologisch weniger klug gewesen, dann hätte er den Dekalog mit dem „Du sollst!" aufgestellt; und das Abendland – man kann hier im Zusammenhang ja wohl von Abendland sprechen – hätte dann die Katastrophe erleben können, die entsteht, wenn man solche Gebote gibt. Das Verbot ist etwas dem Menschen Gefälligeres. Das Gebot ist außerordentlich kritisch.

Die ungeheure Tragödie der Geistesgeschichte hat eine Hauptursache darin, daß im Geistigen so viel mit dem „Du sollst!" gearbeitet worden ist und vielleicht auch gearbeitet werden muß. Diese Tragödie fängt da an, wo man etwa sagt: „Du sollst so und so oft am Tage eine Konzentrationsübung machen!" Durch keine Maßnahme kann man rascher, leichter und auffälliger die Teufelei des Menschen an den Tag bringen als durch ein solches Gebot, denn es zeigt sich, daß er das Gebotene nicht tut. In seinem Verstand kann er durchaus eine klar gegründete Einsicht in die Notwendigkeit und Richtigkeit einer solchen Forderung haben, aber er erfüllt sie dennoch nicht! Und so wird offenbar, was im Menschen dominiert, oder anders ausgedrückt: wer im Menschen regiert. Ob wir das nun den Satan oder den Diabolos oder den Luzifer oder den Ahriman oder wie auch immer nennen wollen, ist in unser Belieben gestellt. Bedeutungsvoll ist nur das eine: es ist da, denn es zeigt sich, daß es mehr Macht

* Die zehn Gebote Moses

besitzt als der erkennende, sich entschließende, bewußtseinsmäßig aufgehellte Mensch.

Im großen gesehen geschieht damit ja etwas außerordentlich Vorteilhaftes, denn es wird an den Tag gebracht, wer der Mensch wirklich ist oder was in ihm in Wirklichkeit regiert. Für den davon betroffenen Menschen selbst ist es bedeutend schwieriger. Der erdachte Dekalog der „Du sollst"-Gebote enthüllt das Problematische des Menschseins weit mehr als der Dekalog Moses.

Es handelt sich hier nicht um die Frage, ob der Dekalog so oder anders verfaßt sein sollte, sondern um die Erkenntnis, daß die Zeit für derartiges heute vorüber ist. So geht es nicht mehr. Mögen tausend Gründe gefunden werden – sie ändern nichts an der Tatsache, daß der Mensch an bestimmten Stellen unseren Erwartungen nicht entspricht.

An der Geschichte des Wortes „Aufgabe" erlebt man, wie erschreckend die Geschichte eines Wortes werden kann. Der deutsche Mensch hat dadurch, daß er den Begriff und damit den Begriffsinhalt des Wortes „Aufgabe" notorisch falsch versteht, den Zugang zu der wahren Aufgabe verloren. Wenn wir zum Beispiel in der Erziehung den Kindern nie sagen würden: „Du mußt jetzt das und das tun, das ist deine Aufgabe" und statt dessen in den Kindern das erweckten, was sich im Augenblick mit einem geläufigen Ausdruck als das „sportliche Interesse" an allen Lebensforderungen bezeichnen darf, wenn wir die Kinder so erziehen würden, wenn sie durch uns die Erkenntnis empfingen, daß es gar nicht auf diese zehn Pfund Kirschen ankommt, sondern darauf, daß es kraft der Gnade des Schicksals, nicht kraft eines Fluches, eine wunderbare Chance bedeutet, eine bestimmte Muskelgruppe der Hände und entsprechend eine bestimmte Muskelgruppe der Seele und des Geistes üben zu können –, daß der Mensch durch eine solche Übung sein

Wesen vielfältiger gestaltet und damit erwirbt, wonach alle Menschen gieren: Reichtum, Reichtum seines Wesens! und daß der Mensch eine Lust entwickeln muß an der ihm begegnenden Forderung – dann wären alle Aufgaben für den Menschen keine Aufgaben mehr, dann wäre es ihm selbstverständlich, einfach hineinzuspringen.

Sieht man, wie brav und geduldig Erwachsene genau nach Anweisung zur festgesetzten Minute die vom Arzt verschriebenen Arzneien schlucken, und bedenkt man, wie wenig der Mensch bereit ist, die vom Leben gestellte Arznei einzunehmen, die Aufgabe, und daß es doch nichts Herrlicheres gibt als das Erlebnis, abspringen zu können – dann gewinnt man eine Ahnung von der Tragödie dieses Wortes in unserem deutschen Abendland. Und ich darf vielleicht dazusetzen, daß der deutsche Geist gerade auf diesem Gebiet in unerhörtem Maße weiter in die Welt gewirkt hat und wir darum eine internationale Verantwortung auf uns geladen haben. Aufgabe bedeutet also die Chance, die dem Menschen geboten ist zur Entwicklung und Entfaltung seiner Kräfte. Und zwar, um von dem fatalsten Pechboden wegzukommen, den es gibt: von sich selbst!

Aufgabe bedeutet: nicht nur sich selbst vergessen sollen, nicht nur sich selbst vergessen wollen – beides gehört ja sehr stark in den Willensbereich –, sondern: sich selbst vergessen dürfen. Das müssen wir uns immer wieder sagen. Wunderbar! Alles, was in dieser Welt derart an uns herantritt, ist ja im Augenblick neue Leiblichkeit, gibt uns die Chance, wiedergeboren zu werden in einem vollkommen unbelasteten, neuen Leibesraum, gibt uns die Chance, vollkommen von neuem anfangen zu können, einen Beginn zu finden – dieses wunderbare Wort Beginn! – und ein ganz neues Leben führen zu können. Wieviele Leben könnten wir beginnen, wieviele Leben könnten wir führen! Und kleben an dem eigenen Selbst fest!

Und warum kleben wir daran? Machen wir uns klar, was das ist, woran wir kleben, und das uns verhindert, die Aufgabe zu ergreifen?

Sieht man die Menschen, wie sie zu reflektieren anfangen, die tollsten Arabesken, Konstruktionen, Ausreden und Vorgerüste produzieren, damit nur ja der Absprung nicht mehr möglich ist; wie sie versuchen, überzeugend von diesen Albernheiten zu sprechen, die sich im Raume der Gedanken wunderbar zusammenphantasieren –, so weiß man doch, daß alle Gescheitheit, die hier angesetzt wird, nichts anderes ist als eine klägliche Ausrede, geboren aus der Befangenheit des eigenen Wesens, das es nicht über sich bringt, abzuspringen.

Und dann kommt der Rückschlag. Es folgt der Augenblick, da der Mensch seine Gebundenheit erkennt und das, was unweigerlich folgt: das Geschwächtsein.

Wüßten die Menschen doch, daß kein Auftrag, keine Forderung, keine Verpflichtung an sie herankommt, ohne daß über ihnen das wunderbare große Auge der göttlichen weltschöpferischen Weisheit leuchtet, die weiß, daß der Mensch kann, die weiß, daß was an ihn herangebracht wird, unmittelbar aus ihrer, der Gottheit Hand als Gnadenmöglichkeit ihm zuerteilt wird, die das ganze Vertrauen, den Glauben und die Liebe zu dem Menschen widerspiegelt, aus denen heraus diese Zumutung erfolgen kann.

Und unten steht dieses klägliche Gebilde: „Ach, ich bin so müde, ich habe so viel zu tun, ich komme nicht durch – und jetzt auch noch das!" – Wie sieht der Mensch in dieser Haltung aus! Wie einfach wäre es, diesen Satz wirklich einmal einzuüben: „Gib dem, der dich bittet!" Das muß nicht immer ein Mensch sein, das kann eine Situation, das kann ein Ding

sein. Aber schon denken die abendländischen Menschen: „Um Gottes willen, schon wieder geben!“ Was gibt es Herrlicheres, als wenn die Welt auf uns zukommt und von uns etwas will! Wie wunderbar, daß sie uns für reich hält! Wie herrlich, geben zu können! Irgendeine Besinnung? – wie schade, wenn ein Mensch sich hier besinnt; wie wunderbar, wenn er wirklich weiß, daß in ihm der Quell des Lebens fließt und er schenken darf – unaufhörlich!
Um nun gleich falsche Gedanken abzufangen: Es handelt sich nicht darum, daß wir um des lieben Gottes willen besser werden. So gut, um ihm zu gefallen, können wir gar nicht werden, da ist es gescheiter, wir verzichten auf das Besserwerden, wir müßten uns schon gewaltig anstrengen. Nein, es handelt sich doch nur darum, daß wir unserer Schönheit im geistigen Raum etwas hinzufügen um unserer selbst willen; daß wir eine Begegnung mit unseren Möglichkeiten haben, mit unseren Möglichkeiten, die wir nicht ahnen können, wenn wir sie nicht entwickeln; daß wir eine Begegnung haben mit den Kräften, die in uns vorhanden sind; und daß wir genießen – genießen –, daß die Welt im Auftrage Gottes von uns will, und daß also Welt und Gott der Meinung sind, daß wir können! Welch eine Herrlichkeit! Welch eine Würde!
Und nun stellen Sie sich dieses armselige Abendland vor! Über jedem Menschen zwei Peitschen; die eine: „Du sollst nicht!“ und die andere: „Du sollst!“ Und darunter kriecht er hin und versucht, zu erfüllen und giert nach dem Lob der Einpeitscher. – Was für ein Irrtum! Welche Verwirrung des Daseins! Und es gäbe die Möglichkeit, ganz einfach durch ein richtiges Verständnis des Logos, des Wortes, sich und die eigene Welt so zu verwandeln, daß sie nicht mehr ein Gefängnis wäre, sondern ein riesengroßer Raum unserer schönsten und höchsten Freiheit!

II

Wenn wir der Frage nachgehen, wie es im Menschen überhaupt zu einer Hinwendung zu jener Welt kommt, die wir etwas unbestimmt eine geistige nennen, so werden wir letztlich auf eine Art Sehnsucht stoßen.

Eine Sehnsucht muß irgendeine Ursache haben, und es gibt selbstverständlich nur — in einer milden Form ausgedrückt — ein Ungenügen als Ursache für eine Sehnsucht: das Erlebnis, daß das Gegebene, das Vorhandene im menschlichen Leben nicht genügt. Man muß sich hierbei hüten, das als eine Kritik an dem Vorhandenen und Gegebenen aufzufassen; es ist etwa so, wie man nach einem guten Essen das Gefühl haben kann, daß man jetzt noch irgendetwas möchte, und also aus einer durchaus abgerundeten Zufriedenheit eine Sehnsucht entsteht. So kann auch im Geistigen aus der Zufriedenheit und Abgerundetheit die Sehnsucht wachsen.

Hier werden in der Gedankenentwicklung viele Fehler gemacht. Das Entstehen einer solchen Sehnsucht braucht also nicht eine Belastung des Gegebenen zu bedeuten. Wohl gibt es bestimmte menschliche Situationen, in denen das vorliegt, daß das Gegebene und Vorhandene dem Menschen in keiner Weise genügt und daß er mit allen Mitteln nach etwas anderem strebt oder zum mindesten aus dem Gegebenen herausstrebt. Ein solcher Fall liegt einfach, und eine Auseinandersetzung ist vielleicht nicht notwendig. Schwierig ist es da, wo der Mensch beim erkennenden Überblicken seiner Situation feststellen muß, daß er eigentlich allen Grund zur Zufriedenheit hätte und trotzdem an irgendeiner Stelle seines inneren Wesens nicht zufrieden ist, sondern eine Sehnsucht vorfindet. Nur wenn er diese auftretende Sehnsucht als etwas

Gesundes und Richtiges erleben und erkennen kann, ist für ihn die Möglichkeit gegeben, sich entsprechend zu verhalten und entsprechend zu handeln.
Das Ganze ist etwa mit dem Erlebnis eines Liebhabers der Berge zu vergleichen. Er ist bei der Bezwingung eines Gipfels in einem Gefühl der Zufriedenheit, und gleichwohl ist die Sehnsucht in ihm vorhanden, den nächsten Gipfel auch zu erreichen. Und wenn er in einem Gebirgszug alle Gipfel bezwungen hat, wird die Vorstellung in ihm erwachsen, einmal in ein Gebirge zu reisen, in dem die Berge noch höher sind, um dort mit der Arbeit wieder in ähnlicher Weise zu beginnen. Diesen Vorgang, der von einer Sehnsucht geleitet ist, nennt man das S t r e b e n. Und wer wollte etwas gegen ein solches Streben einwenden? Es ist dem Menschen absolut gemäß.
Eigenartig ist, daß in dem Augenblick, in dem sich dieses Streben auf das menschliche Wesen selbst bezieht, von den Auffassungen der menschlichen Gesellschaft her ganz bestimmte Vorbehalte und Einwendungen kommen und der Mensch sich weithin davon beeinflussen läßt. Solange er in dem angedeuteten Sinne im Bereich alles dessen, was von der menschlichen Gesellschaft anerkannt ist, strebt – selbstverständlich auch auf geistigem Gebiet: wenn er viele Sprachen lernt, wenn er viel liest, wenn er viele einzelne Gebiete des wissenschaftlichen Lebens studiert – solange ist alles in Ordnung und jedermann ist von dem eifrig Strebenden entzückt. Aber in dem Augenblick, da das eigene Wesen dafür in Betracht gezogen wird, beginnen das Mißtrauen und die Vorbehalte, die ganze Kette jener Einwände.
Es gehört zu dem Wesentlichsten einer gesunden inneren Entwicklung an Hand einer Schulung, daß man immer wieder – und zwar möchte ich etwas schulmeisterlich sagen – j e d e n T a g sich übungsmäßig an den „Startplatz“ begibt, wie man

bei sportlichen Wettkämpfen auch nicht irgendwo in der Arena loszurennen beginnt, sondern an den angewiesenen Startplatz gehen muß. So ist es auch auf diesem Gebiet. Es ist merkwürdig, welche Vorbehalte oder Hemmungen die Menschen haben, jeweils an diesen Startplatz zurückzukehren, vielleicht in der Furcht, immer wieder von vorne anfangen zu müssen.

Dieser Startplatz wird mit dem Denken aufgesucht. Während des Anziehens zum Beispiel – man braucht sich dazu nicht in besondere Posituren zu bringen – eine kurze Besinnung darauf: „Was macht meine Sehnsucht?“ genügt vollkommen, um rasch die „Startplatz“-Orientierung vorzunehmen.

Wobei es wichtig ist – um es noch einmal zu betonen –, sich daran zu erinnern, daß man nicht etwas nicht mehr will von dem, was man hat, sondern daß man etwas dazu will. Wenn man das für einen kurzen Moment in sich lebendig werden lassen kann, schafft man eine Voraussetzung für den Elan, den man in diesen Dingen braucht. Die Besinnung auf diesen Ausgangspunkt verhindert zudem – nicht absolut, aber großenteils – Routine und Gewohnheit.

Würden wir in solchen Zusammenhängen mehr von okkulten Hintergründen sprechen, dann müßte ich jetzt darauf aufmerksam machen, daß gerade jene Mächtegruppen, die uns unsere Entwicklung schwer zu machen versuchen, bemüht sind, uns zu einer solchen Besinnung nicht kommen zu lassen. Immer wieder stößt man in der Begegnung mit Menschen, die derartige Dinge versuchen, auf die seltsam festgehaltene Vorstellung, daß sie irgend *etwas aufgeben* müssen. An keiner Stelle sitzt der Widersacher der menschlichen Entwicklung fester als an dieser Stelle. Darum kann es sich nie handeln!

Würde man verstehen, wenn ein Mensch, der einen Berggipfel bezwungen hat, sagte: „Nein, nein, auf den höheren wollen wir nicht klettern, das könnte der, auf dem ich jetzt stehe, als eine Abwendung empfinden"? Man würde das als lächerlich erleben. Aber auf dem Gebiet, mit dem wir es jetzt zu tun haben, verhält sich der Mensch so, statt sich zu vergegenwärtigen, daß es sich um eine „Neuerwerbung" oder eine Erweiterung handelt.

Ich habe bis jetzt noch niemanden getroffen, der etwas gegen die Konzentrationsübung sagen konnte, gegen ihre Bedeutung und ihren Sinn für die Entwicklung des Menschen; aber ich habe viele Menschen getroffen, die mannigfache Einwände gegen sich selbst mit der Beziehung zur Konzentrationsübung äußern, so daß ich weiß, daß sie eigentlich die Konzentrationsübung ablehnen. Da sie aber keinen logischen Grund für die Ablehnung der Konzentrationsübung finden können, bauen sie alle möglichen Hirngespinste auf, um zu erklären, warum sie keine Konzentrationsübung machen können.

Das ist der Mensch in der Versuchung. Käme der Versucher zu uns wie zu Jesus von Nazareth und verlangte ganz programmäßig von uns, Steine in Brot zu verwandeln, so würden wir alle schreien: „Das ist der Versucher!" Aber da er zu jedem Menschen auf die individuelle Weise kommt und außerdem jeden Tag anders, erkennt der Mensch den Versucher so selten.

Wir sprechen jetzt noch von den Schwierigkeiten. Ich muß noch einmal von einer anderen Seite her auf zuvor Erwähntes zurückkommen. Was eine innere Schulung heute so außerordentlich schwer macht, ist unsere fragwürdig gewordene Beziehung zu dem, was man Moral nennt. Die Moral wird heute vom Menschen verwandt – ich sage es jetzt sehr grob und darum etwas ungenau –, um sich selbst ins Recht zu setzen, zu rechtfertigen. Der Mensch richtet die Moral nach sich, aber er richtet sich nicht mehr nach der Moral. So kommt es, daß die moralische Weltordnung vom einzelnen zerlegt wird. Die Teile, die er gebrauchen kann, verwendet er für sich, die anderen läßt er beiseite und entdeckt dabei nicht, daß mit einer solchen Zerstückelung der Moral ihre Wirkung überhaupt aufgehoben wird. In vergangenen Jahrhunderten und Jahrtausenden, in denen die Menschen eine unantastbare Achtung vor dem Moralischen hatten, war alles viel leichter und ganz anders; der Mensch lernte einfach, wie man sagt, folgen. Es wurde ihm zur Gewohnheit, den Anordnungen nachzugehen, ohne darüber zu reflektieren, wie ihm das bekommt und in welcher Beziehung er dazu steht. Wenn der Mensch einmal daran gewöhnt ist, solche Pfade bedenkenlos zu betreten, dann ist es ihm selbstverständlich auch möglich, im Inneren solche Pfade zu gehen.

Im Zusammenhang mit solchen Problemen, wie sie uns hier beschäftigen, taucht vor mir immer der Gedanke auf, daß Buddha noch vom Pfad sprechen konnte, daß also offensichtlich Menschen um ihn waren, die ihn verstanden und den Pfad auch gehen konnten. Heute kann man bei der inneren Schulung eigentlich nicht mehr vom Pfad oder vom Weg sprechen. Diese Worte treffen nicht mehr zu, exakt genommen stehen sie im Leeren. Der heutige Mensch hat keinen Pfad und hat keinen Weg – das ist die große Schwierigkeit. Und der heutige Mensch folgt nicht mehr. Es fängt beim Kinde an und setzt sich beim Erwachsenen fort. Darum stehen wir heute einer Gesellschaftsordnung gegenüber, die den Menschen sklavischer macht, als es je der Fall war. Die menschliche Gesellschaft muß den Menschen, der nicht folgen kann, mit den schärfsten Mitteln zwingen, die es gibt: mit Fließband, Kündigung und ähnlichem.

Für das innere Gebiet gibt es diese Mittel nicht, obwohl manche Menschen auch da Ersatz suchen. Was erfahren sie zum Beispiel in einer hypnotischen Behandlung anderes als Freiheitsberaubung und Zwang von außen?

Im allgemeinen gilt aber für den Menschen von heute, wenn er sich dazu entschließt, auf geistigem Gebiet zu arbeiten, daß er in jedem Augenblick am Anfang steht – jetzt von dem aus gesehen, was er aufbringen muß – nicht im Ganzen. Das Ganze seines Lebensbildes trägt selbstverständlich das Gepräge dessen, was er hinter sich gebracht hat, und das heißt wiederum: was er erreicht hat. Nimmt er selbst Abstand von sich und seiner augenblicklichen Situation, so sieht er, daß er einen Weg zurückgelegt hat. Aber vor ihm ist kein Weg; schon der nächste Schritt wird in ein unwegsames Gelände getan und verlangt vom Menschen, alles das aufzubringen, was zum ersten Schritt gehört. Sicherlich gibt es auch heute viele Menschen, die in sich eine Gewohnheit zu einer geistigen Arbeit erwecken können. Solche Menschen sind in einer besonderen Weise begnadet; man kann diese Begabung aber auch atavistisch nennen. Sie sind auch so selten, daß sie im Verhältnis zu der großen Masse der Menschen gar nicht ins Gewicht fallen. Die schwierige Lage des heutigen Menschen ist also, daß er sich im Raume der geistigen Arbeit keine Gewohnheiten anerziehen kann.

Ich habe jetzt aus dem Mitgefühl mit meinen Zeitgenossen gesprochen und daher das vor uns Liegende von unten her betrachtet. Löse ich mich nun aus dieser Befangenheit und spreche ich nur von dem her, was vor uns liegt, dann gilt etwas ganz anderes: daß selbstverständlich das Fehlen einer Gewohnheit bedeutet, daß in jedem Augenblick erstens die volle Freiheit für den Menschen garantiert ist – es ist also auch keine Selbstsuggestion mehr möglich – und zweitens der nächste Schritt nur getan wird, wenn wirklich der volle Elan im Menschen vorhanden ist. Es ist eine weit weniger angenehme und bequeme Situation, in der wir uns befinden, aber zugleich eine weit großartigere und fordernde. Und es ist ganz bestimmt nicht so schlimm, wenn Menschen zurücksinken in das Nichtstun, in die Lässigkeit, um dann immer wieder daraus aufzutauchen, als wenn der einmal in Bewegung gesetzte Wagen automatisch auf einem gebahnten Weg weiterrollen würde.

Der heutige Mensch drängt nach einer freien Entscheidung auf allen Ebenen, aber zuvörderst auf einer Ebene, auf der sowieso alles in eine mehr oder weniger große Freiheit gestellt ist.

Ich muß dazufügen, daß das Gesagte durchaus nicht total gilt, sondern nur für den größten Teil. Selbstverständlich wird man im Laufe der Zeit etwas ähnliches wie einen Gewohnheitsdrang in sich entdecken können, aber immer erst dann, wenn man zuvor von sich aus schon diesen freien Elan aufgebracht hat.

Die Frage, die wir immer wieder zu stellen haben, ist: „Was will ich mit dem Wesen, das ich bin?" An dieser Frage entscheidet sich alles, was weiter dazukommen kann. Denn der Mensch, der sich mit dem Zustand, in dem er sich befindet, zufrieden geben kann, braucht keine Schulung, das ist selbstverständlich. Und er sollte sich damit gar nicht befassen, auch nicht theoretisch, sie geht ihn gar nichts an. Man kann selbstverständlich in einem statischen Zustand leben, warum nicht? Daß über diese Dinge heute gesprochen wird, kommt aber nur daher, daß der Mensch nicht mehr in dem bleiben will, was er ist, sondern daß er darüber hinauszukommen verlangt.

Bei dem, was ich jetzt sage, bin ich allerdings nur mit halbem Herzen. Ich sage es darum, weil die Erfahrung es mir aufnötigt. Mein inneres Vorstellungsbild von dem Menschen entspricht dieser Erfahrung nicht; ich würde immer bei meiner Vorstellung bleiben — die aber durch die Erfahrung ständig korrigiert wird –, daß im Grunde genommen jeder Mensch auf inneres Wachstum veranlagt ist und daß es einem Krankheitszustand ähnelt, wenn er das vergißt oder glaubt, daß es anders sei. Im Menschen drängt alles danach, sich weiter zu entfalten.

Ich darf noch dazu sagen: Kompensieren kann man hier nicht, etwa durch eine Entwicklung auf anderen Gebieten, beispielsweise im Bereich des sogenannten Bildungsgutes. Selbstverständlich sollte jede Ebene fortwährend in einem Wachstum begriffen sein. Aber da für diese Ebenen auf eine mannigfache Weise von außen her gesorgt wird, bleibt uns in erster Linie der Teil unseres Wesens, für den am wenigsten getan wird. Und fühlt man auf den übrigen Gebieten des Lebens schon sich nur dann im Lot, wenn man sich die Dinge erwirbt und nicht etwa nur erbettelt, so gilt das für dieses innere Gebiet im besonderen. Denn man muß diese Welten erobern, und das gelingt nur, wenn man in der Übung bleibt. Wer ohne Training in den Himalaja geht und dort einen Gipfel bezwingen will, scheitert schon ganz unten. Wenn man dort einen Gipfel bezwingen will, muß man jahrelang trainieren – auf allen Gebieten. Es ist lächerlich, zu glauben, daß es auf der höchsten Ebene des Menschen, der geistigen, anders sein könnte. Hier setzt nun etwas ein, was man eine gewisse Richtunggebung nennen könnte. Der Mensch wird sich sagen müssen, daß, wenn er nicht übt, er sofort wieder zurückfallen wird und daß das Nachholen um so schwieriger sein wird. Manch einem wird das eine heillose Angst einjagen, und vielleicht wird er auf Grund dieser Angst üben. Das ist nun ganz bestimmt kein idealer Zustand, aber gelegentlich kommt es dazu.

Habe ich in der Besinnung auf mein Wesen die Sehnsucht festgestellt und in mir auf Grund dieser Sehnsucht den Entschluß gefunden, an meinem Wachstum, an meiner Entwicklung zu arbeiten, habe ich mir gesagt, daß das nur möglich ist durch Übung meiner Kräfte, so ist nach dieser einen Seite hin die Bahn frei. Ich weiß genau, was ich will und warum ich es will.

Immer wieder erlebt man an Menschen, die auf diesem Gebiet Versuche unternehmen, daß sie mit ihrer Unlust oder anderen Empfindungen kokettieren und sie dafür verantwortlich machen, daß sie dies und jenes nicht tun. Man sollte damit außerordentlich vorsichtig sein. Eine ganz nüchterne, kalte, klare Besinnung auf das, was ich eigentlich mit meinem Leben wollen kann, wollen will, wollen muß und wollen darf, wird mir den Mund verschließen, wenn ich mich anschicke, derartiges zu äußern. Wir wissen einfach, daß wir mit den anvertrauten Pfunden wuchern müssen, aber wir müssen es uns immer wieder – täglich! – in Erinnerung rufen, damit nicht der Widersacher unseren Blick trüben und mit Gespinsten verschleiern kann.

Wenn ich jetzt fortfahre, so tue ich es in der Annahme, daß die meisten von Ihnen die zu besprechenden Erfahrungen und Erkenntnisse besitzen, daß andere sich in der Richtung auf diese Erfahrungen und Erkenntnisse bewegen, aber auch, daß ich vielleicht manches in die Luft hinein spreche und das Gesprochene für einzelne, vielleicht auch für viele von Ihnen ohne jede augenblickliche Aktualität ist. Dann ist es eben eine Art von Reise- oder Trainingsbericht aus einer Übungsstufe, die für den einen oder den anderen noch nicht aktuell ist. Doch spreche ich von Dingen, von denen ich glaube, daß sie im allgemeinen eine gewisse Aktualität besitzen.

Das nächste – es muß nicht unbedingt das nächste sein, es kann auch das übernächste sein: ich wähle es hier als nächstes – was man sich immer wieder in das Bewußtsein rufen muß, ist die Beziehung zur Freiheit und die zur Gebundenheit.

Mit der Moral kann man heute nicht mehr arbeiten; das ist für jemanden, der auf diesem Gebiet für andere etwas tun will, außerordentlich unangenehm und erschwert das Ganze sehr. An einem Punkt aber ist der heutige Mensch sehr empfindlich: da, wo er die Freiheit ahnt. Das muß man für die Betrachtung des eigenen Wesens wissen. Und weil die Menschen wissen, daß, wenn sie dorthin blicken, etwas „passiert", und sie die Konsequenzen nicht wollen, schauen sie lieber fort.

Zu den Voraussetzungen einer inneren Schulung gehört, daß man sich immer wieder in einer ruhigen Minute – es bedarf dazu nicht vieler Zeit – die Gebundenheiten vergegenwärtigt, in denen man sich befindet. Das ist eine zahlreiche Gesellschaft, die da aufmarschiert. Man vergegenwärtigt sich im Laufe der Zeit die verschiedenen Bereiche seiner Gebundenheiten und kann etwa einteilen: Gebundenheiten nach Leib, Seele und Geist; man entdeckt die Gebundenheiten im Gedankenbereich, im Gefühlsbereich, im Willensbereich; die Gebundenheiten im menschlichen Zusammenhang, Gebundenheiten klimatischer Art und landschaftlicher Art und noch manche andere.

Der Reaktion: „Ach, das hat für mich doch keinen Wert, da komme ich nicht durch, das ist zu viel und darum lasse ich das Ganze besser" sollte man sich nicht hingeben, sondern ganz ruhig an einer Stelle beginnen. Man betrachte zum Beispiel seine menschlichen Gebundenheiten. Man wird allmählich ein sehr feines Organ dafür bekommen, wo die Verbundenheit in die Gebundenheit übergeht. Dieses Freiheitsspiel – wenn ich es so nennen darf – wirkt erheiternd, weil man immer wieder dazukommt, über sich lachen zu können. Man entdeckt nämlich zum Beispiel, daß just an der Stelle, wo die Verbundenheit mit einem Menschen aufhört und in eine Gebundenheit übergeht, die Beziehung den Charakter

einer höchst komischen Sache annimmt, und man selbst eine außerordentlich lächerliche Figur macht.
Auch an dieser Stelle – und darum spreche ich von ihr zuerst – lauert der berühmte Versucher aus der Wüste von Judäa. Es ist nämlich immer der gleiche, er kommt zu uns genau wie zu Jesus von Nazareth, er ist auch mit uns zufrieden, wenn er nichts Besseres findet. Denn in dem Augenblick, in dem nun die Arbeit beginnt, die denkerische Bearbeitung des Vorgangs, flüstert der Versucher leise in unser Selbstgespräch hinein und sagt etwa, indem er ganz auf die Seite unserer eigenen Forderungen tritt: ja, selbstverständlich, hier besteht eine Bindung, die aufgelöst werden muß! Nun entsteht im Menschen, vom Versucher so berechnet, eine gesunde Opposition. Denn der Wert einer erfahrenen Verbindung trägt ja etwas metaphysisch Gültiges in sich, und ein bestimmter Teil unseres Wesens sieht gar nicht ein, warum man einen Wert preisgeben soll. Der Versucher aber versucht, es uns so darzustellen – als ob das Land der Freiheit nur dadurch zu erreichen wäre, daß wir die Bindung total aufgeben und also auch die Verbindung opfern. Und er findet seine Unterstützung in dem, was man die Bequemlichkeit des Menschen nennt. Denn selbstverständlich ist das Entweder-Oder immer die einfachste, die banalste Lösung. Die Schulung beginnt da, wo ich mir nicht etwa durch einen Gewaltakt als Entfesselungskünstler die Bande abstreife und dann leicht und entlastet davonhüpfe – und mancher würde gerne davonhüpfen, wenn er diese Dinge entdeckt! – sondern daß ich in der Verbindung bleibe, daß ich aber die Gebundenheit immer wieder von neuem bekämpfe, auflöse oder in einer ähnlichen Weise bearbeite. Die totale Entfesselung würde mich natürlich im vollen Umfang frei machen, und ich könnte mich dann anderem zuwenden oder eben auch nichts zuwenden, aber Erhaltung des Wertes bedeutet, in jedem

Augenblick über die Schwelle einer ganz scharfen, klaren Beobachtung und Erkenntnis zu schreiten und Entscheidungen zu treffen.

Die Freiheit, von der hier die Rede ist, entsteht nicht durch eine totale Loslösung. Wieder sehe ich mich in der eigenartigen Situation des modernen Menschen: daß ich nicht einen Pfad vor mir habe, sondern immer an einem Ausgangspunkt stehe. In jedem Augenblick meines Lebens wird das Gebiet von mir bearbeitet werden müssen unter dem Gesichtspunkt: „Ist es die wunderbare Verbindung, die wirkt, oder ist es die Last oder das Laster einer Gebundenheit?“ Niemals weiß ich, ob der Ort, auf den ich mich jetzt stelle und an dem ich die Freiheit errungen habe, indem ich die Verbindung belasse und die Gebundenheit auflöse, morgen noch der gleiche sein wird; ich weiß es nie. Morgen kann dieser Ort der Freiheit, den ich heute erringe, der Ort der Unfreiheit sein! Es gibt keine Gewohnheit, nur die vollkommen freie, schöpferische Leistung.

Allmählich wird sich das Auge für diese Dinge schärfen. Ich wähle jetzt ein Beispiel für einen solchen Vorgang auf geistigem Gebiet aus unseren Zusammenhängen: Es geschieht häufig, daß sich ein Mensch durch irgendeine Äußerung meinerseits getroffen fühlt — was ja durchaus nicht erstaunlich ist. Er glaubt nun, in strudelnde Opposition geraten, sich in einer freien Auseinandersetzung zu befinden. Ist er gewillt, sich auf diesem Gebiet zu schulen, wird er diese Bewegung zum Anlaß nehmen, um sich zu besinnen, und genau prüfen: Wie weit bin ich eigentlich mit dem Gesagten einig oder verbunden; und wo beginnt das andere, das meine Auflehnung oder Ablehnung hervorruft? Dann wird er entdecken können, daß er wohl in einem bestimmten Teil seines Wesens mitgehen kann, ohne die Freiheit zu verlieren, und daß er dann eine Stelle erreicht, wo der Verlust der Freiheit einsetzt und er mit einem gewissen Recht sich zur Wehr zu setzen oder zu ringen beginnt. Gerade die einsetzende Überlegung wird dann die Ursache dafür sein, daß er in eine produktive Auseinandersetzung gerät und nicht etwa in eine rein emotionale, die für den Betreffenden selbst immer unfruchtbar wäre.

Um nun zu Größerem überzugehen: In der Begegnung mit dem Neuen Testament etwa werde ich mich immer fragen müssen: Wo beginnt in meiner Auseinandersetzung mit dieser Lehre eine wirkliche Klärung meinerseits oder wo versuche ich, mich selbst zu behaupten? Jede Selbstbehauptung erscheint von einem solchen Gesichtspunkt aus als die allergrößte Fesselung, als die Gebundenheit an mein eigenes Wesen, als eine Verfestigung und Verhärtung. Und sobald ich das erkenne, fühle ich, daß gerade jetzt der Anruf an mich ergeht, die Freiheit zu erringen, den Schritt vorwärts zu tun. So kann uns etwa die Aufreizung darauf aufmerksam machen, wie sehr wir an uns selbst gebunden sind.

Zugleich kann ich entdecken, daß ich aus einer halb träumerischen Hingegebenheit mich einfach in einen Gedankenraum habe mitziehen lassen, daß ich gar nicht in wirklicher Überzeugtheit oder Freiheit darin stehe, sondern erst nachträglich durch ein volles Durchdenken, ein volles Erwachen zu der Freiheit finden muß, die einzig meiner würdig ist.

Dies gilt in verstärktem Maße von allen konventionellen Ansichten, von denen wir uns so leicht einfangen lassen, ohne in Wirklichkeit eine freie Stellung zu beziehen.

Ich darf noch einmal betonen: man scheue nicht zurück vor der anfangs schier unübersehbaren Fülle von Gebundenheiten, die man in sich entdeckt. Man beginne an einer Stelle ganz ruhig zu arbeiten. Es ist besser, an dieser einen Stelle zu beginnen als überhaupt nicht, und im Laufe der Zeit wird man doch einiges erreichen. Wichtig ist nur immer wieder,

daß man sein eigenes Wesen so sieht, daß in ihm alles nach einer wirklichen Freiheit drängt.
Ich möchte dazu bemerken, daß, wenn ich hier von Freiheit und Befreiung spreche, ich mich nicht im Widerspruch zu meinen sonstigen Äußerungen über die Freiheitsfrage befinde, denn das jetzt behandelte Problem ist sehr begrenzt, da es den Menschen als einziges Wesen in seinem begrenzten Raum in Betracht zieht. Hier ist selbstverständlich der Gedanke und das Problem der Freiheit und der Befreiung voll gültig und ist in gar keiner Weise in Beziehung zu setzen zu dem, was wir die objektive Freiheit beziehungsweise die Bestimmtheit des Menschen nennen. Für den Menschen selbst ist es in diesem Zusammenhang gleichgültig, was seine Bestimmung ist; für ihn ist nur wichtig, daß er von sich aus alles tut, was er für sich tun zu müssen glaubt.
Allerdings müssen wir auch wissen, daß wir das uns vorschwebende und von uns angestrebte Ziel immer nur dann erreichen, wenn es unserem Wesen bestimmt ist, dorthin zu kommen. Aber niemals darf die Vorstellung, daß wir vielleicht nicht dahin kommen könnten, den Elan behindern, den wir zu entfalten versuchen, der für uns ja als Elan von Wert ist, denn schon dieser Aufschwung ist es, der unserem Leben den großen Atem verleiht, nicht aber das Erreichen des Zieles, um dessentwillen wir ihn in uns entwickeln.
Ich muß hier darauf aufmerksam machen, daß im Laufe der Zeit die Erkenntnis der schier unübersehbaren Fülle der Gebundenheiten einen umfassenden, aber positiven Leidenszustand des Menschen herbeiführt. Die Fesseln, die wir uns zu allermeist selbst angelegt haben, schneiden allmählich derartig in das Fleisch, daß wir fortwährend einen Schmerz erleben. In dem, was hier als innere Übung angegeben worden ist, steigert sich selbstverständlich die Empfindlichkeit

gegenüber allen Gebundenheiten derart, daß dadurch das Leiden entsteht, das sich später auch steigert.
Gerät man einmal in den Zustand dieser Leidenschaft – die ja mit dem, was man sonst als Leidenschaft betrachtet, zunächst nicht viel zu tun hat –, so wird man dem Schicksal gegenüber ungeheuer dankbar, das einem auf diese Weise ohne viel eigenes Zutun mitteilt, wo, in welcher Weise und in welchem Ausmaß man gebunden ist. Der Anreiz durch das Leiden bringt einen unmittelbar in jene Verfassung, die der Ausgangspunkt für das Anstreben dessen ist, was uns befreien kann. Darum hat dieses Leiden oder dieses Leid gar nichts Negatives an sich, im Gegenteil. Obwohl man ja die Last des Leidens trägt, so wird einem doch andererseits durch dieses Leiden das geschenkt, was man sich zuvor auf mühseligere Weise erringen mußte: die Wachheit den Gebundenheiten gegenüber.
Die Tragödie des Menschen liegt darin, daß er sich an sein Sklaventum so sehr gewöhnt hat, daß der Versucher durchaus zufrieden sein darf. Wir sollten darum fortwährend diese heute erwähnten Überprüfungen vornehmen. Denn wenn man sein Ohr einmal dieser Seite zuwendet, so hört es die unheimliche Klage des eigenen Wesens. Wohl gibt es die Gewöhnung an die Unfreiheit, das Versinken in der niedrigen Begrenztheit; wohl gibt es das Sicheinrichten in dem Gefängnis, aber sobald wir in uns hineinhorchen, hören wir dieses Stöhnen und den Ruf nach Freiheit. Es ist kein Mensch, in dem nicht das innerste Wesen nach dieser Freiheit dürstet und hungert. Und hat man gelernt, darauf zu hören, kennt man das allergrößte Vergehen des Menschen gegen sich, das darin besteht, daß er nicht alles einsetzt dafür, daß das eigene Wesen entbunden wird!

III

Das Gebiet, von dem ich hier spreche, ist innerhalb der abendländischen Geistigkeit eine Art von unbearbeitetem Brachland; und jeder, der herantritt, steht vor der Notwendigkeit, sich über die Beschaffenheit des Geländes zu orientieren, wie auch über die Methoden, mit denen er dort zu arbeiten vermag.
So wie die Umstellung von einem mitteleuropäischen auf ein tropisches Land eine gründliche studienmäßige und körperliche Vorbereitung verlangt, so erfordert das Betreten des Gebietes, von dem wir hier sprechen, ähnliche Aufwendungen. Denn in Wirklichkeit ist dieses Gebiet ein für das gesamte Lebensgefüge des abendländischen Menschen vollkommen fremdes. Wir müssen darum in solchen Betrachtungen immer wieder mit einer gewissen Kleinlichkeit die einzelnen Dinge betrachten, um allmählich im Gehirn des abendländischen Menschen für das Gehörte den Wurzelgrund zu bereiten.
Es handelt sich hier um den Umgang des Menschen mit sich selbst. Seltsam ist, daß die Abendländer, die auf vielen Gebieten so unglaublich gescheit geworden sind, die eigentliche Heimat, das eigene Wesen, noch gar nicht zu ergründen begonnen haben.
Sollte man gelegentlich Zweifel haben an der Notwendigkeit, Wichtigkeit oder Richtigkeit der Arbeit am eigenen Wesen, so genügt zur Auflösung dieser Zweifel, einmal eine kurze Strecke mit der Straßenbahn zu fahren. Was man dabei an Rücksichtslosigkeit, Unbeherrschtheit, Leidenschaftlichkeit, Emotionalität und Dämonie erlebt, kann einem einen solch tiefen Eindruck vermitteln, daß man von da ab

weiß, daß es nichts Notwendigeres als die Bildung des inneren Kernes des Menschen gibt.
Ich habe vorher schon von einem Punkt gesprochen, der mir sehr bedeutsam erscheint und auf den ich noch einmal von einer anderen Sicht her zu sprechen kommen möchte: das Erleiden der Gefangenheit und Befangenheit und der daraus erwachsende Durst nach Befreiung.
In diesem Zusammenhang – auch wenn da vielleicht zunächst nur ein entfernter Zusammenhang erkennbar ist – muß auf etwas aufmerksam gemacht werden, was sich mir im Laufe der Jahrzehnte immer deutlicher dargestellt hat: Die Ausgangssituation für eine solche Arbeit an sich selbst ist nicht nur im Bewußtsein des Menschen anwesend und erlebbar, sondern gehört gleichzeitig seinem Unterbewußten mit an – (was eigentlich selbstverständlich ist). Es zeigt sich deutlich, daß alle Vorsätze auf diesem Gebiet, die nur im Gedanklichen gründen, etwa in einem Idealismus, nicht durchgeführt werden können. Eine direkte tragende Verbindung zwischen Gedanklichkeit und Willensreservoir scheint nicht gegeben zu sein. So erleben wir fortwährend, daß Menschen, die aus einer oft sehr klugen und eindringlichen, aber doch weitgehend intellektuellen Erkenntnis der menschlichen Lebenssituation in eine sogenannte Schulung an sich selbst eintreten, schon nach kürzester Zeit zurückfallen mit einem Befund, der weit schlimmer ist als der frühere – schlimmer dadurch, daß zu dem vorigen eine tiefe Depression oder ein Unglaube, ein Zweifel an dem eigenen Wesen gekommen sind. Und das bedeutet eine erhebliche Schädigung des Gesamtwesens.
Ich fühle mich daher verpflichtet, mit allem Nachdruck darauf aufmerksam zu machen, daß in den Räumen, von denen ich jetzt spreche, niemals irgendetwas unternommen werden darf, wenn nicht die Idee, die selbstverständlich als erstes

da sein muß – wir arbeiten ja in unserer Zeit mit dem Gedanklichen – durch die Sympathie des Herzens bejaht worden ist!

Wird man auf diesen Punkt aufmerksam und beginnt, ihn genauer ins Auge zu fassen, so kann man entdecken, wie abwartend sich die Herzregion derartigen Entschlüssen gegenüber verhält, daß ihr etwas Unwilliges, Unbeteiligtes, Uninteressiertes, Kaltes, Ablehnendes, ja oft Widerstehendes entströmt, jedenfalls keineswegs ein selbstverständliches Mitschwingen und Mitgehen, wie man naiverweise voraussetzt. An dieser Tatsache, die jeder beobachten kann, der mit diesen Dingen umgeht, zeigt sich, daß die Grundlage nicht in Ordnung ist, und zwar die Grundlage im Gedanklichen.

Wenn ich hier von der Herzregion spreche, so ist das nur ein ungefährer Ausdruck. Ich wähle ihn, weil man diese Empfindungen vom Herzen her wahrnehmen kann. Aber ich mache darauf aufmerksam, daß sie auch aus einer anderen Region aufstehen können.

Vor etwa fünfzig, sechzig Jahren waren die Voraussetzungen bei den Menschen, die in diese Gebiete einbrachen, ganz andere. Da genügte eine ideelle Begeisterung, um den Menschen für lange Jahre über die Schwierigkeiten hinwegzutragen. Aber heute befinden wir uns in einer vollkommen veränderten Lage. Die Bedeutung des Einbruches durch den ersten Weltkrieg kann von uns noch kaum ermessen werden, das wird späteren Jahrhunderten vorbehalten bleiben. Daß sich mit ihm die ganze geistige Struktur des abendländischen Menschen verwandelt hat, ist fraglos, zum mindesten auf dem hier behandelten Gebiet. Ich darf vielleicht mit Bezug auf ein anderes Thema während dieser Tagung* einen anderen, sehr schwer darzustellenden Gedanken mit Hilfe der

* Vom Geheimnis der Mütterwelt

mythologischen Bildwelt zum Ausdruck bringen und sagen: es ist die Auferstehung des Mütterlichen, die wahrnehmbar wird. Wir dürfen nicht übersehen, daß die traditionell christliche Mythologie hier etwa von der „Hure Babylon“, dem Drachen, der Schlange aus dem Abgrund und ähnlichem spricht. Wir dürfen uns dadurch nicht irritieren lassen. Was ich jetzt sage, bedeutet keine Kritik an der Apokalypse des Johannes, die von ganz anderen Gesichtspunkten aus gemeint ist – über die vielleicht bei einer anderen Gelegenheit zu sprechen sein wird.

Das Mütterliche, das Substantielle, das Chthonische oder wie man es nennen will, ist schlechthin das Wahrhaftige. Die meisten Menschen haben wohl erfahren, daß man eine Mutter nicht belügen kann. Vielleicht gelingt es für eine kurze Zeitspanne, da die Mutter heute oft zeitgemäß intellektuell eingestellt ist und gar nicht unmittelbar in ihrem mütterlichen Bereich angesprochen wird. Die Besinnung kommt erst hinterher, und die Wahrheit wird entdeckt, beziehungsweise die Lüge kommt heraus. Hier liegt etwas uralt Mythologisches vor, und es gehört zu den großartigen Ereignissen unserer Zeit, daß die Mütter nicht mehr auf die magische Weise gesucht werden müssen, wie Faust sie suchen mußte, sondern daß sie aus dem Grund auftauchen und den Erdenkindern nahe sind. Selbstverständlich erlebt der in die Schulung eintretende Mensch dieses Wesen, von dem ich spreche, als seinen Gegner – das Weibliche, das Mütterliche schlechthin als den Gegner des Geistes. Aber diese Gegnerschaft muß auf die richtige Weise gedeutet werden. Darauf kommt es gerade an. Man muß wissen, daß diese Gegnerschaft und die damit verknüpfte schwere Hemmung, oft sogar Lähmung des Willens auftreten muß, wenn der Mensch nicht in der Wahrheit steht.

Das große Unglück aller sogenannten geistigen Bewegungen,

auch der unsrigen, besteht darin, daß weit mehr intellektuelle, oberflächliche Neugier die Menschen auf einen Pfad – beinahe möchte ich sagen – zu verführen versucht. Und gerade an dieser Stelle steht das Wesen der Mütter als Wächter und arbeitet in der ihm gegebenen Weise mit einer Art kataleptischer Lähmung im Willensbereich und in anderen Bereichen. Oft, wenn die hypnotische Lähmung nicht ausreicht, besetzen die Mütter die sogenannten niedrigen Potenzen des Menschen, das Gesamtwesen der Leidenschaft, um so den Menschen zu binden und ihm den Fortschritt unmöglich zu machen, zu dem er eben nach den Anschauungen der Mütter und der Wahrheit noch nicht berechtigt ist.
Ich bitte, nicht zu denken, dies seien gespenstische Phantastereien. Was ich sage, ist das Ergebnis einer jahrelangen Erfahrung mit Menschen. Es ist auch weder etwas Schreckliches noch etwas Unheimliches; wir können dafür danken, daß, da wir selbst mit unserem gerissenen Intellekt alle Maßstäbe zerbrochen haben, die Tiefenkräfte des Daseins da sind, die für den Menschen wachen und die Wahrheit zu bewahren versuchen.
Darum ist es von so außerordentlicher Wichtigkeit, daß wir bei jedem Unternehmen, selbst bei der kleinsten Konzentrationsübung, zu dem Herzen gehen, nicht etwa nur es befragen. Das wäre furchtbar einfach. Diese Mächte reden nicht so schnell wie wir, sie verhalten sich, sie handeln und haben Gebärden. Aber das Wort kommt schwer aus ihnen und nur in Augenblicken hochzeitlichster Begegnung. Wir müssen also auf unser eigenes Wesen schauen lernen, um aus dem Erschauten ablesen zu können, was gemeint ist. Und da die Persönlichkeit, die Individualität des heutigen Menschen aus der Fülle der Möglichkeiten das Gedanklich-Intellektuelle gewählt hat und das Gedanklich-Intellektuelle der Wohnraum für die Persönlichkeit, die Individualität ist, so wird

dieses Wesen der Persönlichkeit und ihre Umgebung bei einer derartigen Begegnung in das Gericht gestellt.
Es kommt vor, daß erwachsene Söhne ihre Mutter schlagen, daß der Mensch in eine leidenschaftliche Empörung gegen diese in seinem Inneren wirkenden Mächte gerät, die ihn ablehnen und behindern. Auch das ist eine Antwort des Menschen. Und es gibt die Leichtsinnigen – das Ackerfeld ist ja vierfach –, die sehr rasch resümieren: „aha, Widerstand, also nichts für mich", sofort aufgeben und glauben, sie würden, indem sie sich an das von den Müttern ihnen entgegengespielte, zumeist satte und bürgerliche Bild anpassen, dem entsprechen, was gemeint ist. Es wird der Tag kommen, da das Antlitz der satten, bürgerlichen Mutter in das Antlitz der Harpyie und der Mensch, der sich so gebettet hatte, in ein Schwein verwandelt sein wird wie bei Circe. Die Mütter sind unerbittlich und dulden keinen Verfall.
Was ich hier sage, klingt vielleicht nach „Angstmachen". Ich weiß das, aber ich kann es nicht verhindern und will es vielleicht auch gar nicht. Ich spreche hier aus der Erfahrung.
Der Mensch, der in der richtigen Weise auf seine Wesensschulung ausgeht, wird zunächst verharren und sich ruhig fragen: Warum mag dieser Widerstand aus den Tiefen meines Wesens auftauchen, woher kommt dieses Abgelenktsein, diese Müdigkeit, diese Erschöpfung, der Zweifel? Ich weiß, daß alles, was mir hier entgegenkommt, Widerspiegelung meiner Persönlichkeit, meiner Individualität ist, die sich im gedanklichen Raum verankert hat. Und ich werde sehr bald entdecken, daß ich im gedanklichen Raum – ich muß immer wieder darauf hinweisen – verschiedenes nicht geklärt habe und über manche Gegebenheiten meines Lebens und Wesens hinweggeturnt bin.
Ich setze nun den Fall, daß ein Mensch den Vorsatz faßt, zu irgendeiner Zeit des Tages über die Liebe zu meditieren. Er

erlebt nun, daß er vielerlei Widerstände in sich gegen die Einrichtung der Meditation fühlt, und greift begierig nach einer Zeitung, nach einem noch nicht gelesenen Brief, den er ausgerechnet jetzt lesen muß; oder es fällt ihm plötzlich ein, daß er Blumen gießen oder noch ein Telephongespräch erledigen sollte oder etwas Ähnliches aus der abwechslungsreichen Skala der Hemmungen.

Lassen Sie uns annehmen, daß unser Freund mit einer halben Stunde Verspätung ankommt – wobei er von vorneherein übersieht, daß schon Verspätung etwas ist, das die Mütter heute nicht mehr akzeptieren. Sie sind als Königinnen beleidigt, wenn nicht die versprochene Pünktlichkeit eingehalten wird. Man muß sich im Klaren sein, daß Pünktlichkeit eine Grundvoraussetzung des geistigen Lebens ist. Man sollte überhaupt nicht mit irgendeiner Schulung anfangen, wenn man nicht pünktlich sein kann. Das eigene Wesen zunächst zur Pünktlichkeit zu erziehen, bedeutet eine jahrelange Arbeit, aber damit sollte man eher beginnen als mit irgendetwas anderem. Stellt man fest, daß man unpünktlich ist, kann man diese Schulungsübungen wohl unternehmen, aber man muß wissen, daß man damit nichts bewirkt. Es ist dann ein nettes, aber sinnloses Spiel!

Wenn nun ein Mensch auf diesem Gebiet weiter arbeitet, obwohl er an dieser empfindlichsten Stelle der geistigen Schulung nichts bewirkt, wird im Laufe der Zeit selbstverständlich die Schulungsenergie verbraucht. Sie wird von den Müttern, von der Leibessubstantialität, von der Vitalität nicht wieder ersetzt. Der Welthaushalt ist, so verschwenderisch er aussieht, auf Sparsamkeit veranlagt. Der Mensch wird eines Tages an den Punkt kommen, keine Lust mehr dazu zu haben. Nun wird nicht etwa das eigene Wesen belastet, sondern die geistige Arbeit oder die Schulung. Und

damit nimmt das Unheil seinen Lauf, wie uns genugsam bekannt ist.
Ich muß dazusetzen, daß ein solcher Mensch aber keineswegs erst dann zu dem Segen der Mütter zugelassen wird, wenn er die Unpünktlichkeit total überwunden hat. Der Segen der Mütter beginnt in dem Augenblick, in dem an einer einzigen Stelle des Lebens mit Energie, Willenseinsatz und Erfolg das Laster bekämpft worden ist.
Wir wollen also einmal ansetzen, daß dieser Mensch sich gar nichts anderes vornimmt, als zu den Stunden seiner inneren Arbeit ganz pünktlich zu sein. Gelingt es ihm etwa ein halbes oder ein ganzes Jahr, zu den Stunden seiner inneren Arbeit pünktlich zu sein, so wird er erleben, wie plötzlich seine geistige Arbeit und sein ganzes Wesen fruchtbar werden. Und er kann, wenn er tiefer nachzusinnen in der Lage ist, entdecken, daß der Segen der Mütter ihm zuteil geworden ist, die Charis.
Diese Dinge können nicht ernst genug genommen werden, denn sie spielen durchaus nicht nur eine Rolle in einem inneren Bereich, sie wirken bis ins Körperliche hinein. Eine segenlose geistige Arbeit verzehrt auch die körperlichen Kräfte; das ist ganz fraglos, während eine gesegnete geistige Arbeit zur Vitalisierung des ganzen Leibeswesens führt.
Ich habe mir ein Beispiel genommen, mit dem ich es mir relativ einfach gemacht habe, mit Hilfe dessen wir uns aber leicht verständigen können. Mir liegt jetzt nur daran, Ihnen einen kleinen Hinweis zu geben, worauf es ankommt: Wir müssen so lange an unserer geistig-gedanklich intellektuellen Individualitätsverfassung arbeiten, bis dieses andere Wesen, das ich mit dem Namen „die Mütter“ bezeichnet habe, freundlich wird. Das heißt, daß man an jede Form geistiger Arbeit nur herantreten kann und darf, wenn man er-

lebt, daß das *ganze* Wesen in einer zarten oder in einer gewaltigen Mitsinnigkeit mitschwingt.

Denken Sie nie, daß es am Wesen liegt, denken Sie bitte auch nicht, was so viele Menschen denken, die an diese Dinge rühren: daß sie es vielleicht besser doch lassen sollten. Beides sind die großen Versuchungen des Menschen. Sondern denken Sie bitte das *einzige*, was gedacht werden darf: „Was ist in meiner gedanklichen, mentalen Einstellung falsch? Wo habe ich in meinem denkerischen Felde eine dunkle Stelle, die ich nicht aufgelichtet habe?" Sie können versichert sein, daß Sie sie sehr schnell finden. Oft sind es sehr, sehr schmerzhafte Begegnungen, die sich vollziehen, und man gerät in ein tiefes Leiden an sich. Aber man wird auch jedesmal entdecken, welch einen Segen dieses Leiden bedeutet.

Ich greife nun einen anderen Punkt auf, der durch das Dynamische, das in ihm enthalten ist, mit dem Vorangehenden zusammenhängt.

Niemand wird wohl auf den Gedanken einer inneren Schulung kommen, der nicht mehr oder weniger davon durchdrungen ist, daß im Menschen ein göttlicher Keim ruht, *der* göttliche Keim. Die Frage, um die der Mensch immer kreist, wenn er Kontakt mit diesen Ideenwelten hat, ist die: Wie kommt es, daß dieser göttliche Keim in einer solchen Verborgenheit lebt und daß davon so wenig für den Menschen selbst und für seine Umwelt offenbar wird?

Sie werden verstehen, wenn ich Sie nun nicht durch das ganze, riesige Museum der Antworten hindurchführe, die im Laufe der Zeit gefunden worden sind. Was ich Ihnen nun als Material zur Bearbeitung unterbreiten werde, ist ein sehr persönlich gefaßtes Ergebnis, das zwar für mich den Wert einer Tatsache hat, aber selbstverständlich hypothetischen Charakter hat, der sich in der Wirklichkeit erst erhärten muß.

Wenn der Überbau über den göttlichen Funken weitgehend abgetragen worden ist und das Grundmaterial hervorzukommen scheint, so bleibt als Ergebnis das Quälende, der Kummer und die erlebte Schwere des Daseins.

Das ist insofern eigenartig, als bei dem Durchdenken deutlich wird, daß der Mensch gerade durch die Qual, durch das Beschwerliche, durch die Kümmernisse aller Arten an die Welt der Sinne, der Stofflichkeit und der Sinnlichkeit gebunden wird. Man wird das zunächst nicht vermuten, aber bei intensiverem Nachsinnen kann man es deutlich beobachten. Die weithin wahrnehmbare Identität der menschlichen Individualität mit diesen negativen Seelenreaktionen entstammt weniger einer Notwendigkeit als einer freien Wahl des Menschen, denn die Lust, sich an die Welt der Sinne, des Stoffes, der Sinnlichkeit zu binden, läßt ihn das Quälende, das Kümmernde und das Beschwerliche wählen als die drei Seile, mit denen man sich am besten an die Sinnenwelt anknüpft.

Wenn ich hier von der Welt der Sinne, des Stoffes und der Sinnlichkeit spreche, so ist nicht die objektive Welt gemeint, sondern die Welt, wie sie dem Menschen durch seine Sinne hindurch, durch die Einstellung seiner Sinne erscheint.

Das Quälende, das Kümmernde, das Beschwerliche tritt aber nicht nur im Bewußtsein des Menschen auf, wo es die entsprechenden Vorstellungen vom Leben bildet, sondern wirkt gleichzeitig im Unterbewußten, ist dort potentiell stets gegenwärtig und speist von daher die negativen Bewußtseinsbilder. Das Unterbewußte, das uns in diesem Zusammenhang weit mehr interessiert als das Bewußtsein, in dem der Mensch ja immer eine Art naives Kind ist – das Unterbewußte versteht diese Negationen dadurch am Leben zu erhalten, daß es den Menschen an die Idee der Schuld bindet.

Dies ist nun ein Punkt von allergrößter Bedeutung. Nimmt sich ein Mensch etwa vor, das Vaterunser zum Inhalt seiner Meditation zu machen und tritt in der Bearbeitung des Vaterunsers nun die vorher geschilderte Lähmung auf, die zu Langeweile, Zynismus oder einer steigenden Kontaktlosigkeit zu diesen Formeln führen kann, so gerät der Mensch möglicherweise in eine außerordentlich schwere Krise, die über das Persönliche weit hinausgreift, weil sie eine Krise in der Beziehung zu der Gestalt des Jesus von Nazareth und dem christlichen Einschlag schlechthin bedeutet.
Beginnt dieser Mensch, die Mentalität seiner Persönlichkeit auf die Ursache hin zu untersuchen, warum die Mütterwelt sich derartig ablehnend, zurückgezogen oder hemmend verhält, so kann er gelegentlich darauf stoßen, welche Bedeutung die Bitte von der Schuldvergebung hat. Er kann erkennen, daß er in der gedanklichen Vorbereitung seines eigenen Wesens gar nicht zu einem wirklichen Erfassen dessen durchgedrungen ist, was er da jeden Tag zu irgendeiner Zeit zu meditieren glaubt. Das aber ist von eminentester Bedeutung. Habe ich die Schuldfrage nicht geklärt, kann ich das Vaterunser nicht meditieren, die Mütter verschließen mir den Zugang dazu.
Die Schuldfrage in der jesuanisch-christlichen, abendländischen Schulung zu klären, bedeutet, daß ich die Schuld nicht existieren lasse. Es handelt sich dabei in erster Linie um die anderen Menschen, aber auch um das eigene Wesen.
Ich darf betonen, daß dies nichts mit einem anderen Gesichtspunkt zu tun hat, von dem aus man dem Menschen zu der Schuld Mut machen kann. Ich betrachte diese Frage jetzt ja von dem Gesichtspunkt dessen aus, was hier Thema ist. Der Mensch muß in dem Augenblick, da er den Raum der Meditation betritt, wirklich das vollzogen haben, was das Mat-

thäus-Evangelium für die Schüler des Jesus von Nazareth angibt: „So dein Bruder etwas wider dich hat, so gehe hin und versöhne dich, solange du noch mit ihm auf dem Wege bist.“ In der Bergpredigt im Matthäus-Evangelium ist es darum außerordentlich kompliziert, weil ja nicht ich etwas gegen ihn, sondern er etwas gegen mich hat. Das bedeutet heute ein soziologisch enorm schwieriges Unternehmen, aber es ist ganz klar und eindeutig so gesetzt.

Wie kann ich glauben, von den Müttern in den Raum des Vaterunsers eingelassen zu werden, wenn ich nicht in mir die vollkommene Vorwurfslosigkeit hergestellt habe, wenn ich nicht wirklich alles in mir beseitigt habe, was in irgendein Leben einen Schatten bringen könnte! Anders kann ich doch nicht den Zugang gewinnen!

Wiederum muß ich sagen, daß diese Welt der Mütter und der Wahrheit so großzügig ist, daß schon bei dem Ansatz zur Verwirklichung dieser inneren Schuldaufhebung die Pforte sofort aufgetan wird. Aber es kommt darauf an, zu erkennen, daß ich an dieser Stelle krank bin und den vollen Scheinwerfer meines Bewußtseins darauf richten muß in dem ehernen Entschluß, nicht zu ruhen, bis an dieser Stelle eine Art von Gesundung erreicht ist.

Es kommt auch hier nicht auf Perfektion an, die vielleicht gar nicht erreichbar ist, denn es ist auch hier so, wie Paulus sagt: „Wir sind allzumal Sünder und mangeln des Ruhmes, den wir vor Gott haben sollten“ –, sondern es kommt auf die innere Tendenz, auf die schöpferische Einstellung an.

Aber Sie können an sich und an anderen beobachten, wie die Menschen an der Schuld festhalten und an dem, was sich hinter der Schuld aufbaut: an dem Begriff des Karmas. Gerade an dieser Stelle muß die abendländische, christliche Schulung sich ganz scharf zu der östlichen kontrastieren. Die Bindung an das Karma kommt durch die östliche Schulung

in die Menschheit herein, und sie war zu ihrer Zeit richtig. Aber das Werk des Meisters von Nazareth bringt hier eine vollkommene Umstellung. Das Festhalten an der Idee eines Karmas, vom Menschen aus gesehen, ist eine Beleidigung der schöpferischen Initiative der Gottheit, wie sie uns Jesus von Nazareth verkündigt hat! Wenn auch von der *göttlichen* Seite her eine Bestimmung Gültigkeit hat, von *mir* aus gesehen muß ich in jedem Augenblick so leben, daß ich Gott schuldlos sehe: der Schöpfer im Urbeginn und ich, der Stoff, im Urbeginn, eben erst die Schöpfung beginnend! *Wir* müssen doch in unserer Haltung dem Geist der Welt, uns selbst und der Menschheit die Chance geben, daß eine *neue* Welt entsteht. *Von meiner Einstellung hängt es ab!* Und darum muß die Bindung an das Karma als eine tiefe *Lust*bindung des Menschen an das Kümmerliche, an das Quälende, an das Beschwerliche abgeworfen werden, wenn man wirklich an eine Befreiung des Wesens denkt.
Und für diese Befreiung ist notwendig, daß, bevor man prätentiöse Meditationsübungen macht, man erst einmal versuchen muß, die Wahngebilde im eigenen mentalen Raum zu erkennen, ihre Wurzeln zu finden und die dort festgelegte Kraft zu befreien.
Damit geschieht etwas Wunderbares für unser Wesen: wir bewirken an dieser Stelle eine Befreiung und zugleich eine Läuterung des gesamten Wesens und schaffen so die Voraussetzung für eine fruchtbare Begegnung im geistigen Raum mit den Dingen, mit den Bildern, mit den Worten, mit den Mächten, denen wir zu begegnen hoffen.

IV

Eine der großen Schwierigkeiten, wenn nicht die große Schwierigkeit im Umgang mit den hier behandelten Aufgaben liegt für den Menschen unserer Zeit und unserer Räume darin, daß er die Loslösung von dem Bewußtsein von der Zeit nicht in entsprechender Weise vollzieht.

Wir haben uns daran gewöhnt, auf diesem Gebiet in der liebenswürdigsten Weise unsere Schwächen zu protegieren. Hier besteht eine Art von stillem Komment, den jeder sehr gut beherrscht und der darauf angelegt ist, den Nachbarn und sich selbst zu schonen.

Hat man gelegentlich als Instanz auf diesem Gebiet zu fungieren und sieht die Produkte einer üppigen Phantasie auf sich zukommen, wenn ein Mensch erklären will, wie wenig Zeit er für eine Schulung des eigenen Wesens hat, so kann das unter Umständen sehr erheiternd wirken. Ich bin bei solchen Unterhaltungen glücklicherweise fast immer auf das Zuhören beschränkt, da mein Partner meistens gar nicht hören möchte, was er bei mir zu hören bekommen könnte, und ich kann mir also in Muße ausmalen, wie er sich, wenn er nach Hause kommt, zunächst in aller Ruhe die Hände wäscht, wie er die Schuhe wechselt und sich in einen Sessel setzt, wie er, einer spontanen Neugier folgend, rasch einen Blick in die Zeitung wirft unter dem Motto: „Man muß doch auf dem Laufenden sein bezüglich der Welt", wie er darauf mit einer gewissen Ruhe ißt, ein bißchen am Radio spielt, und so fort. Manche werden sich bei dieser Schilderung sagen: „Ja, das kann ich mir ja alles nicht leisten!" Dann nehmen wir etwas anderes, an dem man vielleicht eher erkennt, wie es im eigenen Lebensraum mit der Beziehung zur Zeit aussieht. Neulich ging ich in ein Restaurant. Es war gerade kurz nach 12 Uhr. Etwa 12 Minuten mußte ich warten, bis mir ein Kellner eine Speisekarte brachte; dann vergingen weitere 10 Minuten, bis das bestellte Essen serviert wurde. Ich saß also 22 Minuten da und hatte Gelegenheit zu bedenken, daß meine armen Zeitgenossen, die gewiß unter ihrer Gehetztheit leiden, eine solche Wartezeit ungefähr tagtäglich absitzen, und daß mir dieselben Menschen in einem Gespräch vielleicht sagen würden, daß es mit ihrer Zeit für die innere Arbeit schlecht bestellt sei. Ich denke dann im stillen, wieviel vernünftiger es wäre, sich in ein paar Minuten morgens ein Brot zu richten, eine Flasche Joghurt in die Tasche zu stecken, mittags etwa 10 Minuten ruhig zu essen und auf diese Weise gewiß mindestens eine halbe Stunde für die Beschäftigung mit dem eigenen Wesen zu gewinnen. Dies nur als Gegenbeispiel zu dem reizvollen, phantastischen Roman vom Zeitmangel!

Man muß sich darüber im klaren sein, daß man hinsichtlich einer Arbeit auf innerem Gebiet in völliger Freiheit steht: Man kann sie ergreifen, und man kann sie lassen. Aber wenn man sie will, ist es unerläßlich, sich jedesmal eines zu vergegenwärtigen: *daß man heraustreten muß aus dem Zeitbewußtsein!*

Was die Menschen sich antun, wenn sie ohne Lösung aus dem Zeitbewußtsein sich zu einer Meditation niedersetzen, in der sie darum nie etwas erreichen können, ist nicht zu schildern. Es ist nun einmal für den abendländischen Menschen *unerläßlich*, daß er diese *Umschaltung konsequent jedesmal bewußt* vornimmt: das Austreten aus dem Zeitbewußtsein – nicht aus dem Zeiten-„Strom“, das Wort klänge zwar poetischer, träfe aber nicht zu, denn aus dem

Zeitenstrom können wir uns nicht lösen, aber aus dem Zeitbewußtsein!

Es ist nun keineswegs so, daß wir durch diese Lösung etwas entbehren müßten, denn selbstverständlich treten wir, indem wir das Zeitbewußtsein verlassen, ein in das Ewigkeitsbewußtsein. Was gibt es Wunderbareres – wenn ich nun glücklich die Zeit ausgespart habe, die mir für diese Tätigkeit bleibt –, als daß ich mir sagen kann – und zwar nicht mit heruntergezogenen Mundwinkeln, mit Eingeweihtengesicht und religiös-moralisch-puritanischer Inbrunst, sondern möglichst lustig und heiter: „Der liebe Gott hat das so eingerichtet, daß ich mir diese Zeit nehmen kann, und ich trete nun für mein Bewußtsein aus der Zeit heraus und trete ein in die Ewigkeit. Jetzt sterbe ich, und die Ewigkeit beginnt für mich! Will es der liebe Gott, daß ich weiter lebe, so soll er mich rechtzeitig darauf aufmerksam machen und aus diesem Raum herauswerfen, damit ich den Zusammenhang mit meiner sozialen Pflichterfüllung wieder finde." Es hat noch nie jemanden gegeben, der wirklich mit allem Ernst in die Versenkung eingegangen und nicht auf die Sekunde genau zurückgekommen wäre. Nur bei demjenigen, der hineintrudelt und dann dahindämmert, kann es sein, daß die geistige Welt befindet, daß er erst einmal tüchtig schlafen sollte. Dann läßt der Engel ihn eben schlafen. Und er sollte gelassen erwachen und ruhig ohne Nervosität feststellen, daß er etwas versäumt hat und daran schuld ist.

Dieses vollkommene Sich-Herauslösen aus der Zeit ist etwas Wunderbares und unbedingt Notwendiges. Aber es ist schwierig zu vollziehen; das merkt man, sobald man es versucht.

Der Mensch unserer Epoche ist nun an keiner Stelle empfindlicher als an seiner Eitelkeit. Gerade auf dem inneren Gebiet zu erleben, daß ihm etwas nicht ohne weiteres gelingt, das er will, und daß er in irgendeiner Hinsicht nicht ganz Herr über sich ist, sondern in der Magie einer Macht steht, die er nicht durchschauen kann, das akzeptiert unser Zeitgenosse außerordentlich ungern. Damit muß man rechnen!

Wenn man das weiß, wird man sofort wieder ganz gelassen. Man muß vielleicht einige Zeit darauf verwenden, eine völlige Gelöstheit zu erreichen, wie man sie sich ideal vorstellt. Es wird vermutlich nicht gelingen, aber man wird sofort erleben, daß es leicht ist, sich ein wenig zu lockern, ein wenig zu lösen. Man muß sich mit einem solchen Anfang zunächst zufrieden geben. Auch hier ist wichtig, immer im Bewußtsein zu halten, daß die willentliche Einstellung und das Beginnen durchaus genügen, um in dem Raum, für den man es unternimmt, eine Wirkung zu erzielen. Man sollte also, wenn eine vollkommene Lösung noch nicht gelingt, nicht denken, daß man nicht weiter arbeiten könne auf einer höheren Stufe. Es handelt sich darum, vor dem Engel seines Schicksals zu beweisen, daß man diesen Punkt erkannt und mit der Arbeit angefangen hat.

Später, wenn man diese Loslösung beherrscht, erlebt man ein wunderbares Gefühl. Es ist etwas Merkwürdiges, daß wir Menschen gerade das, was den kostbarsten Duft unseres Lebens ausmacht, worauf wir ein ganzes Leben lang zuwachsen — dieses herrliche Ewigkeitsgefühl — so wenig genießen. Wenn es einem Menschen gelänge, jeden Tag nur für fünf Minuten in dieses Ewigkeitsgefühl einzutauchen, so wäre sicher, daß er nie mehr in eine rettungslose Melancholie verfallen könnte. Es wäre nicht mehr möglich, weil er in diesen wenigen Minuten eine Welt berührt, die alles das, was uns dunkel und schwer macht, überwindet. Man sollte sich daran gewöhnen, mit der gleichen Leidenschaft, mit der man Kaffee, Tee und anderes trinkt oder seine Zigarette

raucht, wenigstens einmal am Tage Ewigkeit zu trinken. Das allein würde schon einen Gesundungsprozeß einleiten.
Die Herstellung eines zeitlosen Bewußtseins bewirkt außerdem in einer tieferen Schicht ein umfassendes Gefühl des Wohlbehagens. Die meisten Menschen, die sich heute einer geistigen Bewegung anschließen, glauben, daß nun alle angenehmen Dinge des Lebens für sie endgültig beseitigt seien. Darum erschrickt unser abendländischer Zeitgenosse gleich, wenn es ihm irgendwo behaglich wird, weil er denkt, damit auf dem Pfad der Sünde zu wandeln. Aber gerade die Zeitlosigkeit des Bewußtseins erzeugt ein Behagen, das sich fortpflanzt bis in die letzten körperlichen Peripherien als das Gefühl einer großen Entspannung – die aber nicht den Eindruck einer Schwere auslöst, sondern eher den der Schwerelosigkeit. Verstärkt sich dieses Gefühl, kann es zu dem heiteren, satten, behaglichen Glucksen kommen, das man erlebt, wenn man ganz besonders aufgeräumter Stimmung ist.
Große Teile unseres Wesens hungern danach, in eine solche Gelöstheit und Entspannung zu kommen. Ich sehe in diesem Zusammenhang ab von den Folgen im physiologischen Raum, die den Arzt interessieren, obwohl hier wirklich die echten Möglichkeiten von Heilungen liegen.
Hat man sich eine Zeitlang mit dieser Lösung aus der Zeit vertraut gemacht, so kommt man dazu, sich einige Gegebenheiten zu vergegenwärtigen. Man wird sich vielleicht fragen: „Was alles mußte eigentlich geschehen, bis ich in einer gewissen Selbstverständlichkeit meinen Beruf ausüben konnte?" Man wird dann zum Beispiel in Dankbarkeit des Lehrers gedenken, der einen als ABC-Schützen in Empfang genommen und die ersten Strichlein gelehrt hat, die ersten Buchstaben, die ersten Worte, die ersten Zahlen, das Rechnen, die Grammatik. Man wird sich vielleicht erinnern, unter welcher Mühsal man als Kind in den nachweihnachtlichen

Tagen die Dankbriefe an Patenonkel, Tanten, Großmütter und Großväter hingemalt hat, und sich vorstellen, wie relativ leicht es einem heute fällt, einen Gruß zu schreiben. Man wird sich auch der weiteren Lehre erinnern, welch lange Zeit man brauchte, um gut Maschinenschreiben oder Buchhaltung zu erlernen, wie lange, um überhaupt Geschäftskenntnisse zu erlangen. Man wird dann bedenken, daß dieser ganze breite Unterbau geschaffen werden mußte, bevor man befähigt wurde, morgens den Inhalt eines Briefes zu diktieren. Und wenn man bei seinem Gedankenspaziergang hier angelangt ist, wird man wohl geneigt sein, sich endlich einmal vergleichend zu überlegen, was man bis dahin schon für sein Innenleben getan hat und wie seltsam man eingestellt ist, wenn man von sich erwartet, auf innerem Gebiet schon Bürovorstand zu sein, während man noch nicht einmal die ABC-Schützen-Klasse durchgemacht hat.

Im allgemeinen vollzieht sich die „Schulung“ auf diesem Gebiet doch etwa in folgender Weise: Man hört irgendwo einmal einen Vortrag, gelegentlich wieder einmal einen und beginnt infolge einer solchen Anregung, bei der einem plötzlich das Gewissen schlägt, für ein paar Wochen auf diesem Gebiet etwas zu tun. Dann vergißt man es wieder über Schönerem und Verlockenderem, einer Liebesbeziehung oder einer Freundschaft oder einem heiteren Urlaub.

Eines Tages kommt wieder einmal ein Vortrag, und man fängt von neuem an und denkt: „Damals habe ich mit dem Aufstrich begonnen, jetzt kommt also der Abstrich“, und vergißt ganz, daß man nach einer solchen Unterbrechung wieder mit dem Aufstrich anfangen muß. So können Jahre vergehen, und immer noch ist man bei diesem einen Aufstrich – und wähnt sich schon ein Schriftgelehrter.

Wenn man immer im Auge behält, wie wenig man bisher getan hat, wird man bezüglich der Forderungen und Erwartungen, die man an sich stellt, etwas bescheidener werden und wird vielleicht endlich bereit sein, die ganze Grammatik einmal ruhig durchzublättern, die man auf diesem Gebiet studieren muß.

Es ist einfach nicht möglich, bei einer meditativen oder konzentrativen Arbeit sich so zu verhalten wie sehr viele Menschen es tun: Sie kommen mit dem letzten Atemzug und schnellklopfendem Herzen an, um sich auf das Vaterunser oder ein Ich-Bin-Wort aus dem Johannes-Evangelium zu stürzen; oder sie kommen angehetzt, ziehen ein Streichholz, ein Samenkorn oder eine Zigarettenhülse hervor und wollen sich wie mit einem Schalter auf Konzentration umschalten. Bei einem solchen Verfahren kann das Erhoffte nicht entstehen!

In unserem gesamten menschlich-gesellschaftlichen Leben gedeiht darum nichts, weil bei uns alles in dieser Weise gehandhabt wird. Das wunderbare Wesen des Präludiums ist der heutigen Zeit vollkommen entschwunden. Wir sind alle auf den Generaldirektorenstil geeicht: ankommen – herein! – Was wünschen Sie? – fertig – heraus! Seien wir froh, daß der liebe Gott noch kein Generaldirektor geworden ist und die Welt, die zu ihm gehört, damit nichts zu tun hat! Diese Welt hat ihre eigenen sehr alten Gesetze. Zu ihnen gehört das Präludium, das in erster Linie uns gilt, nicht etwa dem lieben Gott; der ist immer in der richtigen Einstellung! Aber wir Menschen müssen uns durch das Präludieren in die richtige Einstimmung bringen – so wie selbst heute noch im Generaldirektorenzeitalter die Mitglieder eines Orchesters vor Beginn eines Konzertes ihre Instrumente stimmen. Da nun der Mensch nicht nur ein Instrument ist, sondern ein ganzes Orchester, so benötigt er eine gewisse Zeit, bis alle seine Instrumente auf den richtigen Ton gestimmt sind, und zwar durchaus auf das Kammer-A. Denn es gilt: „Wenn du betest, so gehe in dein Kämmerlein“ – darum die „Kammer“. Das „A“ ist der Urlaut aller Stimmung, denn es ist der Laut des Staunens, der Bewunderung, der Verehrung. Darum stimme ich mich selbstverständlich mit meinem ganzen Orchester auf das Kammer-A.

Bin ich soweit gekommen, ist es allerdings schwer, mich noch ganz frei zu verhalten. Aber gesetzt den Fall, es gelingt mir, dann werde ich, nachdem das Präludium, mit dem ich mich aus der Zeit in die Ewigkeit hineingespielt habe, das in jenem Zustand eines wunderbar entspannten, schwerelosen Wohlbehagens endet, einen prüfenden Blick über mich schicken, ob auch die Voraussetzung erfüllt sei, von der ich sprach und die ich vielleicht mit einem anderen Wort den Zustand einer Begeisterung nennen kann.

Wenn ich feststelle, daß ich diese Voraussetzung nicht in mir habe, die ich jetzt „Begeisterung“ nenne, dann muß ich mir unter Umständen sagen, daß ich eben heute nicht geschickt bin zum Reiche Gottes. Manche Menschen sollten sich das des öfteren sagen, dadurch würde nämlich ihr Ehrgeiz derart aufgestachelt, daß diese Mangelkrankheit sehr bald verschwinden würde. Aber allzu häufig täuschen sich die Menschen über sich und die Verhältnisse hinweg.

Glaubt ein Mensch der heutigen Zeit gar nichts an selbstverständlicher Begeisterung, an Enthusiasmus in sich vorzufinden, reagiert er meistens mit Empörung gegen die Schulungsmethode. Wenn unser Freund zum Beispiel auch genau weiß, daß man ihm im Gebirge zwar Skihose, Skistiefel, Skis und Skistöcke nachtragen und ihm das alles sogar anziehen kann, daß er aber, wenn er skifahren will, sich selber in den Schnee begeben muß –, so erwartet er dennoch auf dem Gebiet der inneren Schulung, daß sie ihn auf den Schnee zu tragen habe, wo er stehen bleibt, während die Landschaft unter ihm weggezogen wird und er dadurch das

Gefühl erlebt, sich selbst zu bewegen. Außerdem wird erwartet, daß man nie fällt und immer in der stärksten Schußfahrt alle anderen Konkurrenten schlägt, das heißt, aus der ersten Übung als Eingeweihter hervorgeht.

Nun glaube ich, daß der Mensch, der an der Stelle, an die wir gelangt sind, in sich keine Begeisterung vorfindet, dem ähnelt, der, fertig angekleidet zum Skifahren, nicht vom Stuhl aufstehen will. Man *kann* sitzen bleiben, selbstverständlich, sogar mit Skiern an den Füßen! Man kann einen Kellner bitten, einen Kaffee zu bringen, und ihn trinken –, nur skifahren kann man so nicht! Und ebensowenig kann man so in eine geistige Arbeit eintreten – sei es Konzentration oder Meditation!

Das Lamento von der Begeisterungslosigkeit erinnert mich immer an einen Menschen, der eine Zündholzschachtel in der einen und ein Zündholz in der anderen Hand hält, durch die Gegend läuft und jammert: „Es *brennt* ja nicht!" Wenn nun ein anderer sagt: „Du brauchst doch nur das eine an dem anderen zu reiben", so erscheint das wie das Ei des Kolumbus. Aber auf innerem Gebiet gestatten wir unseren Zeitgenossen mit der größten Nachsicht, mit der Zündholzschachtel, der Reibfläche und dem Zündholz in den Händen durch die Welt zu laufen und zu klagen: „Ich bin nicht begeistert, ich bin nicht enthusiastisch, ich habe gar keinen inneren Aufschwung!"

Die Sache ist doch sehr einfach: Das Zündholz ist mein Zustand, bin ich; die Reibfläche ist meine Gedankenwelt. Ich brauche doch nur in dem Augenblick, in dem ich in diesen zeitlosen Bewußtseinszustand eingetreten bin, mir zu vergegenwärtigen, was mich im Laufe meines Lebens an diese Stelle geführt hat und was ich eigentlich will.

Genügt denn nicht die Vorstellung, daß ich mich schule für einen Umgang mit meinem verborgenen Wesen, das mein

Wesen schlechthin ist, daß ich mich vorbereite auf eine Begegnung mit dem göttlichen Funken in mir, auf eine Begegnung mit den wunderbaren Kräften der Nacht, aus denen ich am Morgen jeweils geheilt emporsteige – genügt diese Vorstellung nicht, mich zum mindesten in jenen Zustand einer ernsten Willfährigkeit zu versetzen, die als Vorbedingung für das vollkommen ausreicht, was ich nun tun möchte. Ich will in diesem Zusammenhang ganz davon absehen, daß ich als moderner Mensch wissen kann, was konzentrative Arbeit und die Fähigkeit zur Versenkung für mich bedeuten könnten. Mir gefallen die Nützlichkeitserwägungen nicht, ich sage es offen, aber ich erwähne sie, weil sie für manchen ganz gut sind.

Aber auch hier rate ich jedem, der meint, er besäße schon das Reich Gottes, zur äußersten Vorsicht. Genau so, wie die erwähnte Vorbedingung, die Loslösung aus dem Zeitbewußtsein, unerläßlich ist, so muß hier jeder sich bei Beginn dieser Tätigkeit sagen, warum er es tut, was ihn dazu geführt hat und was er von dieser Arbeit will. Das ist im Grunde furchtbar simpel, aber dieses Tun hat eine merkwürdige Wirkung: Es ist so, als werde plötzlich alles in uns zurechtgerückt und als erlangten wir auf so einfache Weise das an dieser Stelle unseres Wesens Notwendige.

In dem Augenblick, in dem ich mir vergegenwärtige, was ich mit dieser Arbeit will – und ich darf noch einmal betonen: es ist unerläßlich, jedes Mal über diese Stufe zu gehen –, in diesem Augenblick steigt die fordernde Größe meiner Möglichkeiten und meiner Zielsetzungen vor mir auf – weiß ich doch ganz genau, was zu werden ich befähigt wäre! Das macht mich still, demütig und großmütig zugleich und sehr ernst und verleiht der Arbeit die nötige Intensität. Durch diese ordnenden Gedanken wird das Feuer an

den dunklen, kalten Holzstoß gelegt, der nun zu brennen beginnt.
Nehmen wir zum Beispiel an, daß einer unserer zeitgenössischen jungen Freunde und Schüler bei dem Präludium ist! Er sitzt dabei vielleicht auf einem kleinen Hügel und sieht den Weg durch die wunderbare Landschaft seines kommenden Lebens weiterführen und ahnt irgendwo hinter den sieben Bergen auch das Ziel. Er ist sich dessen bewußt, daß er jetzt präludiert für das Eigentliche seines Lebens.
Nun kann es sein, daß der Engel seiner Stunde ihn anrührt und ihm sagt, daß er nun lange genug gebraucht habe und daß es Zeit für die Straßenbahn sei. Dann erhebt er sich und geht fort und denkt vielleicht: „Schade, jetzt habe ich aber gar nichts gehabt", und merkt nicht, daß er inzwischen sehr viel an sich gearbeitet hat. Und wenn er nun auf seinem Weg zur Straßenbahn einem hochgradig eingeweihten Schulungskollegen begegnet, der ihn mit strenger Miene fragt, ob er auch das und das meditiert habe, und er dann etwas verschämt gestehen muß, daß er so weit gar nicht gekommen sei, dann wird er sicher einen Minderwertigkeitskomplex für diesen Tag mitnehmen und sich vorsetzen, es am nächsten besser zu machen und schneller fertig zu werden.
Nehmen wir an, er begegnet auf diesem Wege zufällig auch seinem Lehrer, der ihn fragt, wie es ihm gehe. Dem erzählt er nun, was er erlebt hat. Dann wird sein Lehrer ihm sagen: „Ja, was willst du denn mehr, du warst doch da, wo du sein wolltest. Denn wenn du alles, was du da tatest, richtig miterlebt hast, wirst du nicht leugnen können, daß eine große Gelassenheit und Freiheit in dich kam, sogar eine heitere Gelassenheit und Freiheit; daß um dein Herz herum eine Art Seligkeit lag, so daß du jetzt noch innerlich freudig gestimmt bist; daß eine erstaunliche Ruhe in dir ist, die zum Beispiel daran bemerkbar wird, daß du nicht wie sonst jeden Morgen

zur Bahn rennst, sondern mit großen, weit ausholenden Schritten ganz ruhig gehst in dem Bewußtsein, bestimmt an dein Ziel zu kommen. Auch ist von der üblichen Nervosität um dich herum gar nichts zu spüren, du wirkst heute weit eher behaglich auf mich“. Was will unser junger Freund und Schüler eigentlich mehr? Er hat sich ja schon bei den Präliminarien mitten hinein in das Wesentliche gespielt und kann ganz zufrieden sein.

V

Bei allen Versuchen einer Schulung sollte sich ein Schüler darüber im klaren sein, daß es – wie ich schon des öfteren betont habe – nicht darauf ankommt, auf einer einzelnen Stufe eine Perfektion zu erlangen, sondern daß auf allen Stufen zugleich gearbeitet wird. Die Vorstellung eines Stufenaufbaues, einer Art Treppe, bleibt erhalten, aber die Beziehung des Schülers dazu ist derart, daß er hier gleichzeitig auf mehreren Stufen zu stehen vermag. (Man kann hier das Bild eines Tausendfüßlers zu Hilfe nehmen – auf innerem Gebiet sind wir ja mancherlei, vielleicht haben wir da sogar noch mehr als tausend Füße!) Im Verlauf der inneren Arbeit tritt für den betreffenden Schüler diese oder jene Stufe vielleicht als bedeutsamer in Erscheinung. Er wird aus seinem eigenen Wesen heraus darauf aufmerksam gemacht, daß ein besonders günstiger Augenblick gekommen ist, das Hauptgewicht auf diese Stufe zu legen, wobei andere dann weniger gewichtig sind, ohne unbedingt vernachlässigt zu werden. Aber selbst das muß in Kauf genommen werden, daß für eine Spanne Zeit vielleicht eine der Stufen ganz in den Hintergrund rückt, eine Art Beziehungslosigkeit auftritt, und nur das Vorhandensein ihrer Existenz in der Erinnerung gehalten wird.

Die Vorstellung einer Perfektion ist in diesem Zusammenhang darum nicht nur hinderlich oder schädlich, sondern sogar unmöglich, weil es hier überhaupt keine B e e n d i g u n g gibt, kein Fertigwerden mit einer Stufe. Denn dadurch, daß ich das mir erschaubare Ziel heute erreiche, wird augenblicklich in meinem Wesen etwas bewirkt, das für eben diese Stufe

schon wieder eine neue Zielsetzung bildet. So endet die Ausweitung des Zieles nie.
Derartige Vorstellungen wie Vollkommenheit und Vervollkommnung sind überhaupt etwas primitiv und nur einer abstrakten, intellektuellen Betrachtung des Daseins entnommen. Eine organische und kosmische Betrachtung macht klar, daß es so etwas nicht geben kann in einem Bereich, in dem es um Werden und Wachsen, Entwicklung und Entfaltung geht, daß Vollkommenheit nur da erscheint, wo der Rückschritt, der Tod die Herrschaft angetreten haben. Die Welt, mit der wir es hier zu tun haben, rechnet weder mit dem Rücklauf noch mit dem Tod, sondern ist grundsätzlich auf Entfaltung, Entwicklung und Werden ausgerichtet. Das hat nichts damit zu tun, daß wir als Menschen Ebenen und Schichten in uns tragen, die gleichzeitig einem anderen Gesetz unterstehen können. Aber ein solches Gesetz des Rückschritts wirkt in den Bereich, von dem ich spreche, nur so weit hinein, als der Mensch ihm bewußt oder unbewußt Raum gibt.
Fernerhin ist in Betracht zu ziehen, daß wir nach Zurücklassen eines Raumes, nach Ablegen einer Sphäre – im Sinne von Gedanken, Eigenschaften, Gewohnheiten, Haltungen oder im Sinne von etwas in den tieferen Schichten Liegendem – ja niemals in ein „Nicht-etwas" eintreten und von da aus erst suchen müssen, sondern daß wir sofort in ein anderes eintreten und damit unmittelbar einer neuen Gegebenheit begegnen oder, wie mancher es empfinden mag, unterworfen werden.
Man muß also den Gedanken in sich bewegen, daß das Verlassen des Zeitbewußtseins, von dem ich zuvor gesprochen habe, unmittelbar zur Erlangung eines Ewigkeitsbewußtseins führt. Es klingt vielleicht seltsam, daß man überhaupt davon spricht. Aber es ist notwendig, weil die Eigenart der Denkstruktur des heutigen Menschen bedingt,

daß er die Vorstellung in sich trägt: jetzt muß ich also aus dem Zeitbewußtsein austreten und dann wie mit der Stange im Nebel nach dem anderen suchen, oder, anders ausgedrückt: ich muß mich zuerst bemühen um die Erlangung eines Ewigkeitsbewußtseins.

Auf diesem Gebiet ist nun gerade wichtig, daß man sich darüber im Klaren ist, daß man unmittelbar von dem einen in das andere gelangt. Man könnte sich dabei sogar in einer Art von kindlicher Frechheit sagen: „Es kann ja gar nicht anders gehen: wenn ich mich so verhalte, muß ich ja dahin kommen – nicht auf Grund meiner eigenen Gesetzmäßigkeit, sondern auf Grund einer objektiven Gesetzmäßigkeit". – Ich hoffe nicht, daß wir in dieser spielerischen Weise mit diesen Dingen umgehen. Gelegentlich ist sie angebracht, aber meistens ein wenig gefährlich.

Ich kann also auf zweierlei Weise versuchen, in das zeitlose oder das Ewigkeits-Bewußtsein einzudringen – entweder indem ich das Zeitbewußtsein ablege, oder indem ich das Ewigkeitsbewußtsein anstrebe.

Es mag kleinlich erscheinen, sich derartig in Details einzulassen. Das ist es aber nicht, weil der Mensch von heute, der aus den üblichen Denkgewohnheiten in diesen Bereichen kommt, effektiv von vorneherein das Ewigkeitsbewußtsein anstrebt. Er glaubt, es anstreben zu müssen, er gibt sich die entsprechende Mühe – etwas außerordentlich Schwieriges für den, der, im Zeitbewußtsein gefangen, sich kaum eine Vorstellung davon machen kann, was Ewigkeitsbewußtsein ist. Der heutige Mensch ist aber daran gebunden, sich Vorstellungen machen zu können, da er sonst unsicher wird. Es scheint sich aus der moralischen Tendierung des abendländischen Bewußtseins für den Menschen zu ergeben, das Ewigkeitsbewußtsein anzupeilen und anzustreben. Nun ist gerade dem Menschen unserer Kulturwelt der andere Weg weit mehr zu empfehlen, der weniger moralische und vielleicht sogar leichtfertigere – (so erscheint es dem Bewußtsein unserer Zeit): nämlich der Weg über das Ablegen des Zeitbewußtseins.

Es ist ja viel leichter, seine Kleidungsstücke einfach fallen zu lassen, so wie Menschen, die schwimmen wollen, den Bademantel ablegen, schon bevor sie am Wasser sind, damit sie möglichst rasch ins Wasser können. (Das Bild ist für das Gemeinte leider unzulänglich und etwas trivial!) Fraglos ist es schwieriger, wenn ich noch in meinen alten Gewändern erst nach dem neuen Gewand suchen muß, von dem ich nicht einmal weiß, wie es aussehen soll, geschweige denn, wo es zu finden ist! Weiß ich aber, daß, wenn ich die Hüllen habe sinken lassen, von jenseits des Gewässers die Engel auf Grund eines objektiven Gesetzes kommen und mir die Kleider bringen müssen, deren ich bedarf, dann ist es richtig für mich, diesen Weg einzuschlagen.

Ich möchte hier nicht irgendeiner Leichtfertigkeit das Wort reden – man tut das in unserem Bereich nicht gern –, aber ich muß die Dinge schildern, wie sie sind. Es ist also viel leichter, das Zeitbewußtsein oder Zeitgefühl abzulegen. Nach einiger Zeit werde ich überrascht feststellen können, daß das andere Bewußtsein tatsächlich in mich eingegangen ist. Eine eigenartige Unzulänglichkeit des abendländischen Menschen als Schüler besteht nun darin, daß er gar nicht geneigt ist, anzuerkennen, daß er tatsächlich von dieser anderen Welt gekleidet wird. Er ist es längst und merkt es nicht! Nun kommt es gerade an dieser Stelle darauf an, mit großer Behutsamkeit der Verwandlung nachzutasten, die an einem geschieht. Es gehört mit zu dem bedauerlichsten auf diesem Gebiet, daß die Menschen diese Wandlung so wenig wahrzunehmen vermögen. Selbstverständlich handelt es sich um das Eintreten in eine zartere, feinere Sphäre, die mit der Grobheit der seitherigen wenig zu tun hat. Die Fingerspitzen sind uns in dieser Sphäre abgestumpft – so wie es jede Hausfrau aus ihrem Tätigkeitsfeld kennt – und das Feinere kann nicht mehr so leicht erfühlt werden. Aber man muß sich nur ein wenig umstellen, denn hier handelt es sich nicht um eine unveränderlich harte Haut – auf diesem Gebiet gibt es so etwas nicht. Es handelt sich nur um eine Einstellung. Ist sie vollzogen, so kann man entdecken, was sich verändert hat.

Zum Beispiel kommt es häufig vor, daß ein Mensch bei einem meditativen Versuch mit einem Wort aus dem Johannes-Evangelium umgeht, durch eine besondere augenblickliche Fügung etwas abgehetzt, nervös, erschöpft und unruhig, immer wieder nach dem Wort greift, das ihm aber fortwährend entgleitet, und daß ihn Emotionen aus seinem augenblicklichen Zustand überspülen. Er muß immer von neuem aus ihnen auftauchen, nach dem Wort greifen. Aber es gelingt nicht, in ein richtiges, inniges Einverständnis mit dem Worte zu kommen. Natürlich weiß er, was das Wort bedeutet, aber es fehlt der glühende Funke; und das ist sehr schmerzlich. Schließlich muß dieser scheinbar völlig mißglückte Versuch beendet werden. Der Mensch ergibt sich einer Betrübnis, die aus einem Raum seines Wesens auf ihn zukommt, und übersieht ganz, daß ihm etwas Wunderbares geschehen ist. Nur im Raume seines nüchternen Alltagsverständnisses hat sich nichts verändert, weil sich da alle diese Strömungen verfangen haben. Aber in anderen Bereichen seines Wesens hat das Wort aufs wunderbarste gewirkt.

Und blickte er nur ein wenig nach außen – in sich nach außen –, wäre er nicht ganz eingerollt und starrte er nicht nur in sein nervöses, aufgewühltes, beunruhigtes, beschattetes und nun auch noch trauriges gedankliches Bewußtsein, dann würde er wahrnehmen, was an Wirkungen auf ihn ausgegangen ist. Wenn wir in jene gelöste, ernste und würdige Haltung gefunden haben, können wir nach der Arbeit ruhig zu erfühlen versuchen, was uns zuteil geworden ist durch das, was der angestrebte Partner an uns getan hat.

Freilich wäre es falsch, darauf hinzuzielen, daß einem etwas zuteil wird. Nicht etwa darum, weil man damit nichts erreichen könnte. Man kann es durchaus. In manchen Strömungen wird heute auf die frivolste Weise mit diesen Tatsachen gearbeitet, da man genau weiß, daß der Mensch unter allen Umständen unter den Strahlungseinfluß einer solchen Gesetzmäßigkeit geraten muß. Aber es entspricht gewiß nicht dem, was *wir* mit einer inneren Schulung meinen. Was wir wollen, ist die *Herstellung einer Ordnung, die man verantworten zu können und verantworten zu müssen glaubt.*

Nehmen Sie etwa das berühmte Wort: „Ich bin das Licht der Welt" aus dem 8. Kapitel des Johannes-Evangeliums! Ich will jetzt sehr extrem darstellen, was gemeint ist: Wenn ein Mensch einen Pullover strickt und dabei zum Beispiel immer dieses Wort „Ich bin das Licht der Welt" wiederholt, so wird dadurch zweifellos etwas in ihm bewirkt. In meinem Stil ausgedrückt: Dieses arme Wort ist *gezwungen*, an dem Menschen zu arbeiten, ganz gleichgültig, in welchem Milieu – das Wort tut die verlangte Arbeit! Selbstverständlich nur an den Stellen, an denen es anzusetzen vermag und die relativ weit von dem augenblicklichen Bewußtseinsmittelpunkt des Menschen entfernt liegen. Aber ohne Zweifel wird das Wort ausgenützt für das Kraftreservoir des Menschen. Diese Methode wird heute bedauerlicherweise vielfach angewandt. Eine solche Anwendungsweise führt im Laufe der Zeit dazu, daß Rückschläge kommen, nicht nur für den einzelnen, sondern für jede Art solcher Arbeit. Sehr bald wird es den Menschen nicht mehr verziehen werden, daß sie das Erhabene auf diese Weise erniedrigen und in einer Art Schamlosigkeit ausnützen. Es kommt dabei nicht darauf an, ob die Welt, aus der solche Worte stammen, darauf bedacht ist, in einer besonderen Würde und Haltung empfangen zu werden. Vielleicht ist das gar nicht der Fall. Es handelt sich nur darum, was wir in der Beziehung zu solchen Welten aus dem Menschen machen. Das ist ausschlaggebend!

Alles das muß in diesem Zusammenhang erwähnt werden, denn es wird heute sowohl im Gewand wissenschaftlicher Darstellung wie auch auf Hintertreppenart der Menschheit das angeboten, was zwar unleugbar Wirkungen ausstrahlt, aber trotzdem letztlich demjenigen nichts als Unheil bringt, der sich in dieser entwürdigenden Weise damit befaßt.

Da ich hier gerade von der Würde spreche, möchte ich noch auf etwas hinweisen, was auch zu diesem Bereich gehört: Bei der Zuwendung zu diesen Welten und beim Eintritt in diese Räume sollte man sich wenigstens ganz kurz orientieren – und sei es nur mit einem flüchtigen Überblick –, wie es mit der Ordnung in unserem Leben bestellt ist.

So einfach, wie es klingt, ist es nicht. Zunächst muß ich wiederholend sagen, daß das Verlangen, eine Perfektion zu erreichen, auch auf diesem Gebiet unsinnig ist. Es bleiben immer Reste, die – laut Goethe – „zu tragen peinlich" sind. Dieses „peinlich" hat bei Goethe die Bedeutung von „peinigend". An vielen Punkten wird man sich mit dieser Pein an den „Resten" zufrieden geben müssen; das ist nicht schlimm, wenn sie nicht zur Koketterie verwandt wird. Aber es wird für jeden Menschen möglich sein, eine gewisse Ordnung herzustellen – jetzt ist in erster Linie nicht eine Ordnung grundsätzlicher Art gemeint; sie auch, sie ist hier jedoch viel belangloser –, sondern die jeweils zu einer Situation oder einem Bereich gehörende Ordnung. Auf diesem Gebiet wird sehr viel versäumt.

Ich darf noch einmal betonen: Man vermeide den Maßstab der Perfektion, denn mit diesem Maßstab versäumt man den Fortschritt. Wenn man erst dies und jenes erledigt, fertig gebracht oder gelernt haben will, kommt man nie weiter. Denn letztlich liegt darin eine Eitelkeit ganz persönlicher Art oder eine Ausrede, um nicht arbeiten zu müssen.

Man muß wissen, daß die Welt auf Entsprechung veranlagt ist. Dies ist ein Gedanke, der aus den heutigen mathematischen, naturwissenschaftlichen Bereichen kommt; diese Herkunft hat für uns Heutige ja etwas Sicherndes, darum sei sie erwähnt. Wenn ich den Raum der inneren Sammlung oder gar der Meditation betrete, muß das, was mir von der Welt, an die ich mich wende, entgegenkommt, dem entsprechen, was ich ihr entgegenbringe. Es ist ganz unmöglich, daß ein verschlamptes Äußere etwas anderes anziehen kann als eine verschlampte geistige Welt (die gibt es auch!), das ist ein geistiges Fluidum, das mit dem durchsetzt ist, was wir das Dämonische nennen. Es ist ganz selbstverständlich, daß, wenn ich nicht eine Reinigung und Reinlichkeit anstrebe, mir als Antwort, als Entsprechung nichts anderes entgegenkommt als „Ungewaschenes“. Wenn ich schludrig angezogen bin bei diesem Werk, können mir als Entsprechung nur verschluderte Hüllen begegnen, die sich in Gedanken oder Bildern in mir auswirken.

Um es jetzt kurz zu sagen: Wir erwarten doch, wenn wir es auch kaum zu hoffen wagen, letztlich die Gottheit so, wie im Märchen die Braut jahre-, jahrzehntelang auf den Königssohn wartet und dafür sorgt, daß die Hütte immer in dem Zustand ist, in dem sie nach dem Maßstab ihrer Möglichkeit den Königssohn würdig empfangen kann.

Diese Dinge sind von außerordentlicher Wichtigkeit! Sie fangen an bei dem Alleräußerlichsten. Stellen wir uns vor, der Geist, den wir ersehnen und dem wir uns durch diese Arbeit nähern wollen, gedenke, uns die Hand zu reichen, und findet unsere äußere Hand schmutzig und ungepflegt! Wie können wir annehmen, er werde diese Hand ergreifen? Wie können wir erwarten, daß uns aus dem dunklen Bereich des Geistes ein strahlendes Antlitz entgegenblickt, wenn wir selbst ungewaschen, unfrisiert und so schlampig gekleidet sind, daß die Entsprechung nur eine Furie sein kann!

Diese äußeren Dinge sind darum wichtig, weil sie immer Ausdruck eines inneren Zustandes sind. Man ist im Äußeren nur verwahrlost, wenn man innerlich verwahrlost ist, in den Gedanken, Gefühlen und Willensrichtungen!

Die Umgebung endet aber nicht mit der eigenen Person. Wie kann man erwarten, daß ein geistiges Wesen den Raum erfüllt, wenn das Bett noch ungemacht ist? Wie kann man hoffen, daß ein Engel in ein Gemach hereinrauscht, wenn er Angst haben muß, beim Eintritt den Staub von vier Wochen aufzuwirbeln? In solch einem Fall ist es besser, die Meditation zu lassen und zunächst Bett und Zimmer zu richten. Nicht nötig ist ein Vorhang aus Seide! Haben wir gar keinen, so sind wir der Mühe enthoben, für seine Reinheit zu sorgen. Nötig ist auch nicht ein Perserteppich, wohl aber ein sauberer Fußboden! Ich glaube, ich brauche das nicht weiter auszuführen. Jeder, der die Möglichkeit dazu besitzt, sollte sich einen, wenn auch noch so kleinen Raum vollkommen frei und unbelastet halten, einen möglichst leeren Raum, nur mit einem Hocker oder einem Kissen ausgestattet.

Das Äußere ist, wie gesagt, nur Ausdruck des Inneren.

Wie steht es nun mit unseren inneren Räumen?

Oft und oft muß man erleben, wie Menschen ernsthaft an eine solche Arbeit gehen und dabei eigensinnig ihre dämonischen Nippfiguren im Arm festhalten, als die wir ihre Launen, Sorgen, Kümmernisse, Sympathien, Wünsche und

Lüste betrachten müssen. Wenn man ihnen rät, das alles doch erst einmal wegzulegen, entdeckt man, daß ihnen dieser Besitz tausendmal lieber ist als die Bereitschaft, sich selbst neu aus dem Bereich zu empfangen, an den sie sich wenden wollen.

Wie kann man erwarten, daß die geistige Welt sich auftut, wenn man in diesem Augenblick an eine Verabredung denkt, an einen geschäftlichen oder beruflichen Mißerfolg, an einen Ärger, an irgend etwas Lästiges oder Listiges! Wie kann man erwarten, daß die Ordnung der geistigen Welt sich einem erschließt, wenn man ankommt mit einer Schleppe von Trägheit, Gleichgültigkeit, Nachlässigkeit, Lieblosigkeit, unerledigten Forderungen! Auch dann wird einem entgegenkommen, was diesem Bild entspricht: ein Dämon, wie wir das eben nennen; aber nicht die Welt, die wir uns vorstellen. Und sicherlich machen sich diese Mächte einen Spaß daraus, den Raum zu besetzen, den wir für anderes gedacht hatten. Aber wollen wir dämonisiert aus einer solchen Arbeit gehen? Das kann ja nicht unser Wille und Wunsch sein.

Ich weiß wohl, daß damit eine Barrikade aufgerichtet wird. Es ist unumgänglich, davon zu sprechen. So viele Menschen versuchen, in diesen anderen Raum einzubrechen, und scheitern fortwährend. Sie suchen die Gründe in sich selbst oder in der Sache, nur nicht da, wo sie in Wirklichkeit zu finden sind: in diesen ganz einfachen, überschaubaren Bereichen.

Diese Notwendigkeit des Ordnens gilt für den massiven Bereich materieller Gegenständlichkeit wie auch für die immer subtiler werdenden inneren Bereiche. Sie gilt auch da, wo unsere zartesten Beziehungen zu dem zartesten Wesen des Daseins beginnen, zu dem Inneren des Menschlichen, und wo die Forderungen gewaltig und übergroß vor uns auftauchen.

Noch einmal möchte ich hartnäckigerweise diesen Punkt erwähnen: Es handelt sich n i c h t um das Erreichen einer Vollkommenheit, um dieses „erst einmal in Ordnung bringen", sondern um das Erreichen einer V e r a n t w o r t u n g. Und immer wird ein „Rest" bleiben, unter dem wir leiden. Aber dieses Leiden ist etwas anderes als Gleichgültigkeit, und es entsühnt uns oft weithin vor dieser anderen Welt.
Auch das, was ich schon anfangs erwähnte, muß in diesem Zusammenhang gesagt werden, daß für den oberflächlichen Blick oft der Bereich der L u s t – um ihn im Großen zu bezeichnen – als der wesentlich bindende auftritt. Bei näherer Betrachtung erweist sich dies als eine Illusion, denn weit mehr noch bindet uns der Bereich, von dem ich jetzt sprach: der Bereich des U n g e o r d n e t e n. Wir überdecken ihn selbst häufig mit dem Lustbereich, es scheint uns leichter zu sein, uns zu der Begierden- und Lust-Gebundenheit zu bekennen als zu jener anderen, die so schwer, so dunkel, in jeder Beziehung so unerfreulich ist. Es nützt nichts, wir müssen den Blick darauf richten und die riesige Last einer S c h u l d v e r h a f t u n g auf uns nehmen.
Ich denke, es ist verständlich, wenn ich hier das Wort „Schuldverhaftung" gebrauche und damit in Widerspruch zu Äußerungen am Beginn gerate. Aber dort haben wir den Vorgang von einer anderen Seite betrachtet. Beide Aspekte müssen ja von uns zusammengefaßt werden, und selbstverständlich muß der einzelne in jedem Augenblick aufs neue ganz genau abwägen, wann er den einen und wann er den anderen Aspekt zur Gültigkeit für sich erheben muß. Daß wir dabei auf Aufgaben stoßen, die nicht in wenigen Versuchen gelöst werden können, sondern uns vielleicht für Jahre, vielleicht während des ganzen Lebens beschäftigen, damit müssen wir rechnen.
Als nächstes steht die Zuwendung zu dem E i g e n t l i c h e n

vor uns. Da es außerordentlich schwer ist, dem, was gemeint ist, einen wirklich treffenden und unverfänglichen Namen zu geben, so hat man im Laufe der Zeit von „höherer Welt" und „göttlicher Welt" gesprochen und immer wieder damit bewirkt, daß vor dem Menschen etwas Aufgespaltenes, etwas Getrenntes auftrat. Wir sollten vor allen Dingen einmal diese Vorstellung wegräumen! Es handelt sich nicht um etwas anderes, sondern um etwas, das wir besitzen, an dem wir aber nicht in einer vollständigen Weise Anteil haben.

Wir kennen das aus der Natur. Der durchschnittliche Mensch, der in seinem Alltag der heutigen Zeit dahinlebt, hat, wenn er an einen Baum denkt oder einen Baum sieht, ein Bild dieses Gewächses vor sich, wie es sich ihm darstellt. Auch in der Erinnerung tritt dieses Bild so auf, und trotzdem wissen wir, daß das Bild nicht vollständig ist, weil wir uns nie den Wurzelstock mit vorstellen, der aber doch ganz dazugehört. So leben wir uns selbst und den anderen Menschen gegenüber immer so, daß wir nur Teile des Wesens in Betracht ziehen, vielleicht zwei Drittel, und daß ein großer Teil dieses Wesens gar nicht beachtet wird. Dann und wann stoßen wir plötzlich darauf, um entweder aus Gewohnheit gleichgültig darüber hinwegzugehen oder um daran zu erschrecken. Dies geschieht zum Beispiel dann, wenn wir einen Menschen, den wir zu kennen meinen, schlafend sehen. Das kann so unerhört erschreckend sein im Sinne eines Erweckens, daß wir uns fragen: wie konntest du nur so leben! Da lebst du mit diesem Menschen zusammen, siehst ihn immer wieder, hast ein bestimmtes Bild von ihm, tagaus, tagein, jahraus, jahrein, und vergißt unablässig, daß er für Stunden seines Tages etwas ganz, ganz anderes ist.

Wir lernen den Menschen nie kennen, den wir nur wachend sehen. Weit eher können wir umgekehrt sagen, daß wir einen

Menschen einigermaßen kennen können, wenn wir ihn schlafend gesehen haben. Im Antlitz des Schlafenden kommt das Wesen aus der Tiefe, der Wurzelstock zur Darstellung. Ich weiß, daß es nicht bei jedem Menschen so ist und auch nicht immer bei den Menschen, bei denen es möglich ist. Auch hier gibt es die verschiedenartigsten Variationen, da der Mensch von heute ja nicht über ein Normalmaß geschlagen werden kann. Aber im großen und ganzen kann man es so sagen.

Mit uns selbst ergeht es uns ja nicht anders. Der einzige Mensch, den ich nie schlafend sehen kann, bin ich. Und bei einer inneren Schulung handelt es sich gerade um die Begegnung mit dem schlafenden Wesen, mit der Welt aus der Tiefe, aus der der Mensch lebt.

Wir wissen, daß der Mensch im Zustand des Schlafes auf wunderbare Weise von dem Außen weggewandt ist. Die Sinne sind verschlossen. Da für uns das Innen die Entsprechung des Außen ist, so wissen wir auf Grund des Entsprechungsgesetzes auch, daß der Mensch, der vom Äußeren abgewandt ist, dem Inneren zugewandt sein muß. Es gibt nichts dazwischen, die Reiche grenzen aneinander, so daß man nur in dem einen oder in dem anderen sein kann. Der Mensch ist also nach innen gewandt, wenn er nach außen verschlossen ist.

Will ich mich, der ich mich selbst im Schlafe nicht kenne, als einen Schlafenden kennen lernen, ohne dabei zu schlafen, so muß ich den Zustand herstellen, der die Voraussetzung dafür ist, daß die Abwendung von der äußeren Welt erfolgen kann und damit der Eintritt in die innere. Und darum muß das Verschließen der Sinne geübt werden.

Bei den Augen ist es relativ einfach: man macht sie zu. Man sollte das nicht zu selbstverständlich nehmen. Wie lange die Menschheit brauchte, um das Auge zu erzeugen, das der

Mensch auf diese einfache Weise schließen kann, ist kaum zu ermessen. Es ist eines der größten Wunderwerke der Schöpfung, was uns sofort bewußt wird, wenn wir an das Ohr denken, das so schwer zu verschließen ist. Die anderen Sinne fallen hier vielleicht weniger ins Gewicht. Das Verschließen mag bei ihnen leichter sein, sie sind uns – wir ihnen – ferner. Für den heutigen Menschen wird es genügen, wenn er das Auge und das Ohr und vielleicht noch den Geruchsinn zu verschließen übt.

Neben Buddha schlug einmal der Blitz ein und tötete zwei Bauern und vier Ochsen. Buddha aber bemerkte von alledem nichts, denn er war in der Versenkung. Das ist vielleicht der letzte erreichbare Grad der Abwendung vom Äußeren.

Derartige Dinge werden heute vielfach als riskant betrachtet. Das erste, was die Banalität hier erwidert, ist aus einer gekünstelten Sorge gesprochen: ob der Mensch nicht durch derartiges weltfern werde.

Zu diesem Punkt und darüber hinaus zum ganzen Thema ist zu sagen, daß ja auch der heute so weltzugewandte und weltgewandte Mensch nur aus dem Reservoir der nächtlichen Welt lebt. Man hat zum Beispiel begonnen, Schlafkliniken einzurichten. Ob man nicht viel weltferner wird, wenn man sich vierzehn Tage in einen Winterschlaf versetzen läßt, als wenn man sich auf eine eigene Art und Weise für eine Viertelstunde oder eine halbe Stunde zurückzieht? Aber daß das eine Der-Welt-zugewandt-Sein schaden und das andere nicht schaden soll, ist nicht zu erklären – oder auch sehr leicht zu erklären aus der fragwürdigen Haltung des heutigen Menschen zu der inneren Welt. Solange die Welt, um die es sich handelt, ganz offenbar das Reservoir ist, aus dem der Mensch seine Kraft und seine Erneuerung und seine Gesundheit bezieht, solange wird diese Zuwendung zu ihr wahrhaftig doch nichts Schädliches sein. Diese Zuwendung bedeutet den Versuch, an jener Welt auch mit dem Teil unseres Wesens teilzunehmen, der bei der üblichen Nachtarbeit im gewöhnlichen Schlaf ausgeschlossen ist. Die Tore der Gralsburg schlagen donnernd zu, und der Tagesmensch, den wir „ich" nennen, bleibt draußen, muß irgendwo am Rande in einer großen Dunkelheit und Stille warten, bis er am anderen Morgen wieder zugelassen wird — wenn die heilige Feier der Nacht vorübergegangen ist und er nichts mehr davon wahrnehmen kann.

Was hier auf dem Wege einer inneren Schulung versucht wird, ist nichts anderes, als dieses ausgeschlossene Wesen an dem Wunder mitzubeteiligen, dieses Wesen, das nur darum ausgeschlossen wird, weil es offensichtlich bis zu dem Augenblick dieser Umwendung gar kein wirkliches, erfülltes Interesse an einer Begegnung mit dieser Welt hatte. Diesem Wesen ist doch meistens alles, was es am Tage bekommen kann, viel wichtiger als das, was es in der Nacht empfängt, zumal die Grundlage seiner Existenz, das leiblich-seelische Wesen, in der Nacht jeweils wieder — in selbstverständlicher Weise, wie es ihm scheint —, restauriert wird. Wir müssen uns nur vergegenwärtigen, wie wichtig uns die Tageswelt ist, um zu verstehen, warum die Welt der Nacht auf unsere Teilnahme keinen Wert legt.

Wir können doch nicht erwarten, daß die für uns qualitativ höhere Welt sich einem gleichgültigen Partner erschließt, wenn sie sieht, daß er auf anderen Gebieten große Leidenschaftlichkeit oder Süchtigkeit entwickelt, wenn sie wahrnimmt, wie ihr Partner an seinem Frühstück, an seinem Kaffee, an seinem Schweinsrippchen und so weiter hängt und welche Kraft er nach dieser Seite hin aufzubringen vermag. Und sie erschließt sich nicht etwa darum nicht, weil sie eitel und prätentiös ist, sondern weil der Mensch einfach noch nicht genügend nach ihr dürstet! Nicht umsonst heißt es in der Seligpreisung: „Selig sind, die da hungern und dürsten nach der Gerechtigkeit" – womit ja die Gerechtigkeit des Reiches Gottes gemeint ist. Man muß danach hungern und dürsten!

Es ist so außerordentlich förderlich, in den stillen Stunden, die wir dafür ansetzen, zu überprüfen, ob wir wirklich hungern und dürsten, ob wir begehren, ob wir bereit sind, Gewalt anzutun, wie es im Neuen Testament heißt, oder ob wir nur ein bißchen mittun – weil es zum guten Ton des Menschseins gehört oder weil man in einem Kreis von Menschen lebt, der darauf einen gewissen Wert legt, oder weil man eine Art von Lebensversicherung nach dieser Seite hin haben will. Es ist wichtig, zu prüfen, ob unter diesen Schichten wirkliches Verlangen, wirkliches Begehren, wirklicher Hunger und Durst zu finden sind.

Dann wird man vielleicht für manches eine Erklärung finden, was einem in der eigenen Arbeit vorher unerklärlich war. Erzeugt man diesen Hunger und Durst, dann wird es leicht sein, die In-wendung zu vollziehen, von der jetzt die Rede war, und die Fenster nach außen, die Sinnestore, zu verschließen, daß man von nichts oder nur von wenigem am Rande gestreift wird.

VI

Die Art, wie hier über gewisse Bereiche einer inneren Tätigkeit gesprochen wird, hat vielleicht für manchen etwas Erstaunliches oder Abstoßendes, weil sie sehr stark den Charakter eines „Systems“ zu tragen scheint.

Es ist eine Tatsache, daß das Abendland gerade auf diesem Gebiet systemfeindlich eingestellt ist, was aus den Gegebenheiten heraus gar nicht ohne weiteres zu verstehen ist, denn gerade in diesen Bezirken ist auch im Abendland sehr viel Systematik zu finden. Dennoch bleibt in der allgemeinen Stimmung eine Launenhaftigkeit, die auf Systemlosigkeit hinzielt. Man pflegt sich die Bereiche, die man im allgemeinen geistige oder seelische nennt, als ein Gewoge unbestimmter und unbestimmbarer Nebelwelten zu denken und pflegt eine entsprechend nebelhafte Haltung für möglich oder sogar für angebracht zu halten; vielleicht darum, weil der Mensch zunächst mit Gefühlen reagiert und Gefühle sich einer Ordnung meistens entziehen.

Es ist durchaus möglich, über diese Tendenz zur Freilassung in ein ernstes Gespräch einzutreten; allerdings nur bis zu dem Augenblick, da die Dinge, um die es sich handelt, auf einem tieferen Hintergrund gesehen werden können oder müssen.

Bei einer genaueren Überprüfung der eigenen Stimmung wird man bald entdecken, daß das, was uns eine gelockerte Freiheit in dem geistig-seelischen Raum verteidigen läßt, kein vorzüglicher Wert unseres Wesens ist. Wir erkennen, daß diese Verteidigung der Rücksicht auf unseren Eigensinn, der Selbstbehauptung und vor allem unserer Trägheit und Bequemlichkeit entstammt. Es gehört zu einer guten Selbsterziehung, daß wir die in uns auftauchenden, Empfindungen auslösenden Gedanken nach ihrer Herkunft untersuchen.

Es ist wohl einleuchtend, daß eine Schulung im eigentlichen Sinne für einen Menschen wertlos und sinnlos ist, wenn er in sich Gedanken und Empfindungen duldet, die nur aus dem Grund einer Bequemlichkeit herauswachsen; vor die er ein Gebäude kluger Gedanken stellt, um den Eindruck zu erwecken, daß es sich um etwas Wichtiges, Wesentliches und zu Berücksichtigendes handle.

Die Bequemlichkeit gehört zu den Dingen, die eine Schulung letzlich immer wieder verhindern.

Es wäre Unsinn, sich selbst oder anderen zu sagen: „Du darfst nicht bequem sein!"; denn es geht nicht darum, eine vorhandene Anlage in einer solchen Weise zu bekämpfen. Hier liegt einer der Unterschiede zwischen abendländischer und morgenländischer Schulung. Man sollte vielmehr zu erkennen versuchen, wie sich das eigene Wesen in der Bequemlichkeit wie in einer Sackgasse festfährt, und daß man es daraus befreien muß. Ist dies gelungen, so kann es geschehen, daß daraufhin diese Sackgasse einschrumpft, abstirbt, was von einem anderen Aspekt aus wie Unterdrückung aussehen könnte, in Wirklichkeit aber etwas ganz anderes ist.

Habe ich die Absicht, mein Wesen daraus hervorzulocken, muß ich zunächst wissen, womit und wohin ich es locken kann und will. Sobald ich mich ernst nehme – was ich nun nicht grundsätzlich, sondern jeweils für den einzelnen Fall meine – und mit mir aus diesem Ernst spreche, kann ich mit meinem Wesen einen solchen Kontakt finden, daß ich es davon überzeuge, daß nur die Beweglichkeit und das Fließende – sprich: Fleiß – ihm gemäß sind; denn das Wesen des Menschen hat eine panische Angst vor dem Stillstand, weil er unentrinnbar zur Sumpfwerdung führen muß,

die dann mit einer Erstarrung des ehemals Bewegten und also mit dem inneren Tod endet.
In einer tieferen, einer spirituell-religiösen Schicht wird man erkennen, daß die Mächte, die man die dämonischen nennen kann, nichts anderes sind als Gesandte der Gottheit, die die Aufgabe haben, den Menschen durch die Versuchungen zu prüfen, ob er zu weiterem reif ist, und ihn gegebenenfalls solange durch Widerstände zur Aktivität zu reizen, bis er die Reife erlangt.
Die „Dämonen“ sind also von diesem Aspekt aus nicht etwas Böses, sondern etwas im objektiven Sinne Gutes. Aber für den Menschen sind sie höllisch unbequem, und deshalb spricht er wohl gern von „Dämonen“. Die Bequemlichkeit ist eines ihrer stärksten Mittel, durch das an den Tag gebracht wird, ob der Mensch genügend „Fluß“ besitzt, um in die Bereiche eindringen zu können, um die es sich hier handelt, oder ob er als verdorrte Rebe, als Belanglosigkeit für die Dauer seines Lebens hängen bleiben soll, um dann abgeschnitten und verbrannt zu werden – um das Geschehen mit einem Bild aus dem Neuen Testament zu schildern. Dies ist jedes Mal die entscheidende Frage.
Wenn die Bequemlichkeit einmal Platz gegriffen hat, bedarf es eines heftigen Kampfes mit dem Dämon, um wieder in das Fließende zu kommen. Er gestattet nicht, daß man sich zur Abwechslung einmal für kurze Zeit verabschiedet und dann ein bißchen fleißig ist. Alle Widerstände werden von ihm mobilisiert, und wir müssen sie niederzwingen, bevor der Weg in die Freiheit geöffnet wird. Das hat wohl jeder in irgendeiner Form in seinem Leben erfahren.
Von diesem Aspekt aus muß man die Aversion des abendländischen Menschen gegen eine Systematisierung auf diesem Gebiet betrachten. Ich glaube, daß die Systematik, wie ich sie darzubieten versuche, eine so lockere ist, daß eine Erstar-

rung nicht entstehen muß, wenn man sich nur hütet, die Dinge allzusehr festzulegen.

Es handelt sich also darum, daß man an Hand dieser Begriffsstufen den eigenen Standort zu erkennen vermag und zugleich eine Wachheit erzeugt in der Auseinandersetzung mit den hemmenden Mächten, in erster Linie mit der Trägheit.

Die Trägheit ist die größte Inspiratorin des Menschen. Sie liefert uns in gigantischer Menge ständig Entschuldigungsmaterial. Man muß erkennen, daß hier eigentlich der Widersacher sitzt. Es ist erschütternd, daß Hekatomben von abendländischen Menschen sich dem Dämon der Trägheit opfern — man kann leider nicht sagen: „geopfert werden" — und daß wunderbare geistige Potenzen dem lebendigen Fluß der Entwicklung entzogen und in das unfruchtbare Reich des Nichts geworfen werden. Man sollte dahin kommen, keinen Augenblick ohne Peitsche für sich selbst zu sein!

In den vorangehenden Vorträgen habe ich von der Zurüstung gesprochen. Wenn wir nun an die Schwelle der sogenannten „anderen Welt" herangekommen sind und den Fuß heben, um sie zu überschreiten, dann ist noch einmal eine Besinnung zu vollziehen, wie eine Art von letzter Möglichkeit zur Bereinigung für etwa noch nicht Bereinigtes. Die dabei verwandten Worte mögen großartig, belastend oder belastet klingen, sie bezeichnen aber neben den großen auch ganz einfache Dinge.

Wenn man zum Beispiel an dieser Schwelle noch einmal ins Auge fassen will, ob man dem Dämon des Begehrens auch keinen Raum gelassen hat, so versuche man, die ganz einfachen Dinge in Gedanken und Gefühlen und Taten in dieser Hinsicht zu überprüfen, vor allen Dingen das Gedankliche oder den gedanklichen Bereich, in dem wir nicht gerne ohne ein Begehren leben. Wir müssen wissen, daß selbst ein so

„nobles" Begehren wie das Verlangen nach Erkenntnis oder der Durst nach Einsicht an dieser Schwelle zurückgelassen werden muß, weil sonst jenseits der Schwelle ein Schatten der Selbstsucht wäre, den wir nicht mitbringen wollen.

Weit mehr Unruhe und Begierden als im Gedanklichen sind in dem Raum unserer Empfindungen und Gefühle. Wir sind mit vielerlei in Leid und Lust verflochten. Was aus dem leidvollen Bereich auftaucht, wird an dieser Schwelle gern vom Menschen abgelegt, aber auch sämtliche lustvollen Verflechtungen rücksichtslos fallen zu lassen, ist dem Menschen gar nicht angenehm. Es gibt jedoch nichts anderes, als den Zustand herzustellen, der allein – wenn ich es alttestamentlich ausdrücke – Gott wohlgefällig ist: den Zustand der vollkommenen Freiheit oder der absoluten Gelassenheit, in dem man alles gelassen hat.

Bei Menschen gewissenhafter Art kann ein Bedenken auftauchen, ob man durch ein derartiges Fallenlassen nicht Werte gefährde, beispielsweise Familien- oder sonstige Bindungen, die alle in das Begehren hinübermünden. Von der Schulung aus kann und darf man darauf keine Rücksicht nehmen; jede Rücksicht wäre gefährlich! Das mag anfangs rätselhaft anmuten, aber später wird man erkennen, daß gerade dieses Fallenlassen für das Wachstum des Eigentlichen von der größten Bedeutung ist. Die Freiheit ruft geheimnisvolle, verborgene Kräfte herbei, die das, was wir außer Hut gelassen haben, in der Zwischenzeit hüten und nähren.

Als nächstes muß die gesamte Welt der Gefühle, der diese einzelnen, begierdenhaften Verflechtungen zugehören, in absolute Ruhe und Beherrschtheit gebracht werden. Man kann diesen Vorgang dem Spiel mit Quecksilberkugeln vergleichen. Wird die Basis, auf der das Quecksilber ruht, bewegt, so rollt es blitzschnell fort. Nur wenn die Basis ganz ruhig und waagerecht bleibt, liegt die Kugel still. Das Gefühlsleben muß gleich dem Quecksilber zu vollkommener Ruhe gebracht werden. Und das ist nicht möglich, wenn der Mensch als Basis Neigungen – Zu- oder Abneigungen – entwickelt, da das Gefühlsleben dann wie das Quecksilber sofort davongleitet.

Meistens sind Menschen einer höheren Provenienz zu klug, um Neigungen zum Haß einzugestehen. Aber man ist ehrlich genug, Liebesneigungen zuzugeben. Wer die Psyche des Menschen genauer kennt, weiß nun, daß jeder Liebesfähigkeit eine Haßfähigkeit entspricht; daß, wo geliebt wird, auch ganz versteckt gehaßt wird. Man will das meistens nur nicht wahrhaben. Auf alle diese Bewegungen der Gefühlswelt muß man bei dem Versuch einer Meditation verzichten. Wenn man will, kann man sich hier in eine Nützlichkeitsspekulation einlassen: durch Läuterung, Klärung und Stärkung wird erreicht, daß man später zu größeren Leistungen befähigt ist.

Als weiteres muß das Problem der Verschlafenheit ins Auge gefaßt werden. Bequemlichkeit und Trägheit, von denen ich schon sprach, sind der Verschlafenheit benachbart. Der Schlaf ist für den abendländischen Menschen ein physiologischer Vorgang, den man wie eine Maschine ein- und wieder abschalten kann. So einfach ist es in Wirklichkeit nicht. Der Schlaf ist eine geistige Macht. In klassischen Zeiten nannte man sie Gott Morpheus. Die moderne Psychologie gesteht wenigstens zu, daß man das Morphium braucht, wenn Morpheus einmal säumt. Das bedeutet eine letzte Konzession an die Gottheit des Schlafes. Im materialistischen Wissenschaftsbereich unserer Zeit kann man vielleicht auf der dort benützten Straße der Gott- und Geistlosigkeit mitmarschieren; aber in einer inneren Schulung muß man sich anders einstellen. Man muß sich klarmachen, daß man es beim Schlaf mit einer geistigen Macht zu tun hat, mit einem Atemzug der Gottheit, und man muß wissen, daß der Schlaf nicht nur zu mir kommt, weil ich gern schlafe, sondern weil er etwas von mir, von meinem Leben, von meinem Schicksal will auf Grund einer ihm übergebenen Aufgabe.

Verschlafenheit ist nicht etwas ursprunghaft zum Menschen Gehörendes, sondern wird von ihm kultiviert. Die physiologische Verschlafenheit ist nicht eine primäre, sondern eine sekundäre Erscheinung. Sie entsteht, wenn der Mensch sich geistige, intellektuelle, also mentale Unklarheiten, Gefühlsunklarheiten und vor allen Dingen Triebunklarheiten gestattet.

Man hat an dieser Stelle der Vorbereitung der Meditation vermutlich für einige Jahre zu arbeiten, bis man den vollkommenen Hausputz bei sich besorgt hat. Möglicherweise gelingt es einem auf den ersten Anhieb, aber vielleicht muß man auch alle Räume durchsuchen, bis man den findet, in dem die Gottheit des Schlafes sich verschanzt hat.

Die in der Gegenwart grassierend um sich greifende Verschlafenheit ist weder ein rein nervliches, geschweige denn rein physisches noch ein kulturelles Problem. Sie ist ein innermenschliches Problem.

Die Scheu vor der Wachheit gibt der Gottheit des Schlafes das Recht, ihre Herrschaftszeit über das Maß hinaus zu verlängern. Man muß also, wenn man dagegen angehen will, die *inneren* Räume durchsuchen und ordnen.

Nun gibt es außer diesem etwas gemächlichen Aufklärungsfeldzug, Hausputz genannt, noch eine einfachere, nüchternere Methode:

Man setzt sich mit seinem Willensreservoir in Verbindung und packt Morpheus einfach am Genick und wirft ihn mit einem Ruck zum Fenster heraus. Diese Methode ist weniger mühsam und zugleich wirksamer. Man wird bei diesem Unternehmen entdecken, daß man eben *gern* verschlafen ist und daß in den allerwenigsten Fällen eine Notwendigkeit dazu vorliegt.

Obwohl ich die Verschlafenheit soeben auf doppelte Weise ad absurdum zu führen versucht habe, muß ich hier raten, sehr vorsichtig zu sein. Es gibt eine Erschöpfung, und es gibt eine Müdigkeit. Heute wird im Verhältnis zu dem normalen Bedürfnis zu wenig geschlafen; das ist eine Erscheinung unserer Zeit. Wie weit Energielosigkeit, Mangel an Straffheit derartige Schlafverkürzungen bewirken, und wie weit wirkliche, objektive Notwendigkeiten vorliegen, mag jeder für sich entscheiden. Aber durch diese ständige Unausgeglichenheit der Bilanz hat Morpheus einen Rechtsanspruch an uns gewonnen, der sich allmählich zu einer riesigen Schuldenlast anhäuft. Daran läßt sich nicht ohne weiteres etwas ändern. Aber es gibt die Möglichkeit, ganz ruhig Müdigkeit und Erschöpfung in einem äußeren Bereich zu lassen und sich innerlich ganz wach zu machen, indem man die Kräfte, die im Körper und in der Seele stecken, nach innen zieht, sie konzentriert auf einen belebenden geistigen Gegenstand, etwa auf die Vorstellung des Lichtes, des Morgens oder der Kühle.

Man muß natürlich einige Zeit üben, bis man darin eine gewisse Routine bekommt. Aber man wird merken, daß früher dadurch sehr viel Energie verloren ging, daß man die Müdigkeit, die Erschöpfung, das Schlafbedürfnis total aus dem ganzen Wesen vertreiben zu müssen glaubte, während bei der angeratenen Methode etwas zustande kommt, was dem Einschlafen einzelner Glieder ähnlich ist. Sie schlafen ein, aber der Mensch ißt oder spricht oder hört nebenher zu, wie man es häufig bei künstlerischen Veranstaltungen erlebt, wenn man zu sehr auf das zu Hörende und das zu Schauende konzentriert ist. Lassen wir auf diese Weise den Körper ruhig einschlafen und halten wir die innere Wachheit!

Das ist möglich – für die Dauer einer geistigen Übung ist es möglich.

In diesem klar-wachen, kristallklar-wachen Zustand betrete man den inneren Raum!

Bisher habe ich so gesprochen, als ob sich diese Dinge immer auf einer hohen Ebene abspielten. Leider ist das nicht der Fall; bei den allermeisten Menschen finden wir eine Art Keller- oder Souterrainzustand. Dieser Zustand hält sich so lange, weil der Mensch versäumt, sich überhaupt klar zu machen, daß er gar nicht wirklich wach ist, sondern daß er dämmert und döst. Eine kurze Besinnung, ein Ruck – und er hat erreicht, um was es geht!

Wichtig ist, daß man durch diese Besinnung sofort erkennt, was zu tun ist und wie viele Möglichkeiten man besitzt, um das Ungeordnete in Ordnung zu bringen.

Das Nächste, was man in Betracht ziehen muß, sind etwas diffizilere Eigenschaften des inneren Wesens: Eitelkeit und Hochmut.

Wenn man heute den zweiten Teil des „Faust" schreiben würde, so müßte man der Frau Sorge, die bei Faust bleibt und ihn blind macht, die Eitelkeit und den Hochmut gleichgewichtig zugesellen. Von diesen beiden Erscheinungen zu sprechen, ist nicht einfach, weil es sich dabei um Unfaßbares handelt. Es ist zu beobachten, wie ungeheuer schwer der heutige Mensch dahin gelangt, seine Eitelkeiten, seine Hochmütigkeiten zu fassen.

Den Hochmut wird man wohl nie ganz greifen können, so wie man etwa den Dämon der Bequemlichkeit oder Morpheus, die Schlafsucht, packen kann. Vielleicht läßt sich nur mit Hilfe eines Gegengewichtes der richtige Ausgleich herstellen. Das Gegengewicht heißt Demut. Man versuche also, sich in eine echte demütige Stimmung zu versetzen – in eine echte, nicht in eine sentimentale oder geheuchelte. Das wird nicht allzu schwer sein, wenn man die Erinnerung daran wachruft, was man will: Besinnung auf das höchste Wesen in der Welt und in sich! Man kann hoffen, durch dieses Annehmen der Demut dem Hochmut Schach zu bieten.

Die Eitelkeit liebt sich zu verstecken. Wenn wir aber nur ein wenig das Auge schärfen, werden wir erkennen, wo sie sich in dem Bereich einnistet, mit dem wir es zu tun haben. Wie wohlgefällig fühlt man sich bei diesem geistigen Unternehmen, wie eitel ist man darauf, daß man einer geistigen Strömung angehört, und so weiter. Bei einigermaßen ernsthafter Bemühung wird man die verborgenen Eitelkeiten wohl zu Tage fördern können.

Zu beachten ist weiterhin die Furchtsamkeit oder die Ängstlichkeit. Ihrer bedient sich der Versucher sehr gern. Er versucht es auf jede mögliche Weise. Findet er nirgends einen geeigneten Ansatzpunkt, so spielt er seinen letzten Trumpf aus: „Ist das Gebiet, auf das du dich da begibst, nicht sehr heikel? Könnte man da nicht vielleicht verrückt werden? Wird man davon nicht krank, oder entfernt man sich nicht zu sehr von der Wirklichkeit? –"

Wer auf diese Stimme nicht die Antwort weiß, ist nicht geschickt für das Reich, um das es geht; und es ist richtig, daß er von der Schwelle zurückgewiesen wird. Aber man sollte wenigstens zu der Erkenntnis finden, daß hier nicht die Gottheit in ihrer eigentlichen Gestalt, sondern in der des Versuchers spricht, und daß es unsere Schwäche und Unzulänglichkeit sind, die uns von der Schwelle vertrieben haben.

Im weiteren Verlauf ist das Augenmerk auf die Unruhe zu richten. Wir kommen damit in einen peripheren Bereich leiblich-nervlicher Zustände. Manche Menschen kultivieren den Dämon der Unruhe; aber sie sind sehr unzufrieden, wenn er nicht auf Befehl, wenn sie sich zu einer geistigen Tätigkeit anschicken, das Feld räumt. Wie käme er aber dazu, da er doch den ganzen Tag gepflegt worden ist, plötzlich botmäßig zu sein!

Zunächst gilt es, überhaupt zu erkennen, daß die Unruhe etwas ist, was nicht original zu uns gehört. Anschließend versucht man, allmählich diesem lästigen Untermieter die Türe zu weisen und dafür den Geist der Ruhe einzulassen. Und der Geist der Ruhe heißt ja „ruoch", „Geist" schlechthin. Geist ist immer Ruhe. Man erkennt dann bald, daß man in dem anderen Zustand nicht nur die Unruhe bei sich hatte, sondern eben auch den Ungeist.

Bis hierher habe ich höflich gesprochen, es folgt der Nachsatz, bei dem ich immer etwas unhöflicher bin.

Unruhe ist eine Süchtigkeit. Der Geist der Unruhe hat keine Macht außer der, die der Mensch ihm gibt. Auch hier empfehle ich die Methode: Energie sammeln und Unruhe einfach hinauswerfen!

Wer es nicht vermag, versetze sich doch in Gedanken in eine Seefahrt und denke sich, er schwimme fünf Tage lang zwischen Europa und Amerika auf dem Wasser bei vollkommen klarem, sonnigem Himmel, bei glatter, ruhiger See. Ein Mensch, der bei einer solchen Vorstellung nicht zur Ruhe kommt, *will* einfach unter gar keinen Umständen ruhig werden!

Es kann sein, daß man auf Grund eines zu behaglichen Wohllebens bei einer entsprechenden Altersverkalkung sich einen Unruhgeist in Beinen oder Armen oder an anderer Stelle gezüchtet hat, der etwas zappelt. Dann mache man es wie mit der Verschlafenheit: man ziehe sich aus diesem Wohnungsbereich zurück und lasse den Unruhgeist dort zappeln. Es bleibt in dem wesentlichen Bereich Raum genug, um Ruhe zu verbreiten.

Und nun ist die Schwelle beinahe überschritten. Jetzt bleibt nur noch das Letzte und Wichtigste, dem wir schon beim Betreten des Vorhofes begegnet sind. Das ist die hell-wach und blitzartig an das Wesen gestellte Frage: „Trittst du auch vollkommen ohne Zögern, ohne Zweifel an der Richtigkeit deines Tuns über diese Schwelle?“

Kann man diese Frage nicht eindeutig mit ja beantworten, ist es unmöglich, über die Schwelle zu gehen. Alle anderen Maßnahmen, die ich erwähnt habe, sind notwendig und sicher auch weithin unerläßlich; aber zum letzten Ernst kommt es an dieser Stelle, und hier gestatte man sich auch nicht die geringste Nachsicht!

Sollte der Versucher in der Gestalt des Zweifels hier auftauchen, so gewinnt er nur Macht, wenn wir sie ihm geben. Der Zweifel ist keine Notwendigkeit, sondern eine Lust. Wenn ich weiß, daß ich dieser Lust verfallen bin, muß ich auch wissen, daß ich für die weitere Arbeit nicht tauge. In diesen Zusammenhängen kann es für den Menschen keinen Zweifel geben, daß er *alles* daran setzen sollte, das in ihm verborgene eigentliche, geistige, lebendige, ewige, göttliche Wesen in die Wirksamkeit des Daseins hereinzurufen und ihm den Raum zu bereiten!

Möglich ist, daß ein Mensch aus Aversion gegen die religiösen Traditionen des Abendlandes den Begriff des Göttlichen vermeiden will. Der Name ist hier nicht entscheidend. Aber angesichts der heutigen naturwissenschaftlichen Erkenntnis, daß das Innere der Dinge geballte Lichtenergie, Kraft und Licht ist, kann es für einen Menschen – der in einem kurzen Bedenken seines Lebens wahrnimmt, in welch geringem Maße er eine Darstellung von Licht und Kraft ist – *gar keinen Zweifel* darüber geben, daß er *alles* ansetzen muß, um das Eigentliche und Wesentliche aus sich herauszuholen.

Wir bedürfen dazu nicht einmal des Hinweises auf unsere seelische und unsere geistige Qualität. Wir brauchen nur unsere kreatürliche Existenz ins Auge zu fassen, wie Sie auf die Manifestation von Licht und Kraft veranlagt ist – und wir erkennen, daß hier unsere wirkliche Aufgabe liegt!

VII

Durch die vorangehenden Äußerungen habe ich versucht, von verschiedenen Seiten her dieses und jenes der im Zusammenhang mit dem Thema auftauchenden Probleme zu beleuchten. Es handelt sich – wie ich schon mehrfach betonte – um den Versuch, in einem Gebiet, das uns im Grunde genommen sehr fremd ist, etwas Orientierung zu finden oder Orientierung zu schaffen.

Für jede unserer Betrachtungen ist der mehr oder weniger verborgene Ausgangspunkt die Tatsache, daß der Mensch sich immer wieder neu in die Klarheit bringen muß darüber, daß er über die „Ausstattung" seines Inneren H e r r sein kann.

Ich weiß, daß der Mensch unserer Zeit gegenüber einer solchen Aussage manche Zweifel ins Feld führen kann. Nun kann ich aus dem Bereich einer Schulung heraus nicht gut anders sprechen als so, wie sich für diese Schulung die Erkenntnisse über die Wirklichkeit des Menschen darstellen. Und auf Grund der Erfahrungen innerhalb der Schulung – möglicherweise aber auch ohne solche Erfahrungen – kann erkannt werden, daß der Mensch über die Einrichtung seines Inneren die Herrschaft gewinnen kann.

Für den Anfänger handelt es sich darum, mit dem fertig zu werden, was er jeweils in den täglichen Abläufen seines Lebens in sich vorfindet. Im Verlauf der Schulung – und damit der Entwicklung – werden sich dann allerdings andere Aspekte zeigen, so, als träten aus dem Dunkel unbekannte Gestalten, die bis dahin durch die vordergründigen Figuren verdeckt waren, plötzlich hervor, bei denen diese Ausübung der Herrschaft schwieriger zu vollbringen ist.

Es wäre ein Irrtum, zu glauben, es komme in erster Linie darauf an, die vorhandenen Schattengebilde zu beseitigen. Es ist verständlich, daß der Mensch unserer Tage zunächst denkt und darauf ausgeht (so ist nun einmal unsere Methode): „Den Besen her und alles weggefegt!" Dabei werden Schwierigkeiten auftreten, da zum Beispiel ein zartes Geschöpf von fünfundachtzig Pfund Gewicht einen Marmorblock von einigen Tonnen unmöglich hinauskehren kann; und das zarte Wesen – ob männlicher oder weiblicher Art ist gleichgültig – wird sich so einrichten müssen, daß es mit der Anwesenheit dieses Marmorkolosses rechnet. Es wäre sinnlos, seine Zeit damit zu verbringen, gegen ihn anzurennen, bis der Kopf voller Beulen ist und die Hände lauter Schwielen haben, und der Block doch unverrückt stehen bleibt. Erstens kann man ihn abstauben, damit er wieder sauber wird, zweitens kann man um ihn herumkehren – den Schmutz, der sich unter ihm angesammelt hat, sieht man ohnehin nicht, da er ja darauf sitzt –, und drittens kann man das Vernünftigste tun, was in solchen Fällen möglich ist: man kann um ihn herumgehen! Das ist das Günstige am Marmorblock, daß er stehen bleibt, wo er einmal steht.
Zur Vollständigkeit und Richtigkeit des Bildes fehlt aber noch etwas: Wichtiger als dieses Aufräumen, mit dem man so viel Energie und Zeit verbraucht, ist vergnügt, heiter, listig und lustig festzustellen, daß man ja „dazwischendurch" leben kann. Wenn also Igel da sind, die sich in meinem Inneren breit machen, dann muß ich schauen, zwischen ihnen hindurchzugleiten. Es wird sich sehr bald erweisen, daß das Wesen immer genügend Raum findet, hindurchzukommen, und daß es auch, sobald es den Blick von diesen lästigen Gesellen wegwendet und sich auf sich selbst besinnt, eigentlich unbehelligt ist und unbeschadet dieser Einquartierung sich ganz gut zurechtfinden kann.

Die Schwierigkeiten für den abendländischen Menschen resultieren daraus, daß bei ihm sofort die Eitelkeit mitzuspielen beginnt. Sitzt einer dieser üblen Gesellen im Raume und verbreitet Dunkelheit, Kälte und Häßlichkeit, dann meint der Mensch unserer Zeit und unserer Räume, er müsse ihn nun um jeden Preis wegboxen. Das ist ganz unnötig! Man lasse ihn doch ganz ruhig da; aber man stelle sich darauf ein, nicht mit ihm in Berührung zu kommen, ihm aus dem Weg zu gehen, einen Bogen um ihn herum zu machen, ihn nicht anzublicken! Dann wird man erleben, daß er zwar nicht gerade eine Zierde des Daseins bedeutet, aber letztlich auch nicht lästig fällt. Gewiß nimmt man bei diesem Verfahren nicht den ganzen Bewußtseinsraum in der gewünschten Weise in Besitz, so wie es unserer Eitelkeit entspräche. Aber wenigstens hat man das Bewußtsein, soweit man es überschauen kann, befreit und in einen lauteren und reinen Zustand gebracht.

Hier höre ich nun viele „Ja – aber!"

Diese Sache ist jedoch genau so einfach, wie sie klingt. Ich möchte beinahe sagen: dafür kann ich mich verbürgen. Aber – und das ist der Pferdefuß bei der Sache – es zeigt sich immer wieder ein merkwürdiges Verhängnis in der Beziehung des Menschen unserer Zeit zu diesen üblen Gesellen. Bestünde diese Beziehung in einem Wohlgefallen, einer düsteren Liebesbeziehung abgründiger Art, ließe sich darüber reden. Dann aber wäre darüber zu sprechen nicht nötig, denn in diesem Fall wäre unser betreffender Freund ja gar nicht belästigt. Aber die Wirklichkeit ist anders: einerseits besteht ein Bewußtsein von dem üblen Gesellen; andererseits herrscht die Vorstellung von einer Verpflichtung, und darüber hinaus der Wunsch, frei zu werden. Aber etwas ist da, das die verbindende Kette absolut nicht lösen will! Man erlebt, daß der Mensch in eine Abhängigkeit, in eine Fixiertheit, in eine Suggestion gerät, zu denen keinerlei Notwendigkeit bestünde. Er leidet darunter bis zum äußersten und hält trotzdem daran fest.

Sie werden vielleicht, ohne daß ich viel dazu sage, verstehen, daß hier Dinge aus Hintergründen, aus Abgründen, aus Untergründen wirken, die in jedem Falle mit einer großen Sorgsamkeit bloßgelegt werden müßten. Es ist sehr schwer, darüber eine generelle Betrachtung anzustellen. Das, was ich jetzt tue, mag sehr bequem erscheinen; aber ich kann hier nicht umhin, das Wort Schicksal einzusetzen, mit dem man sehr behutsam sein muß und mit dem ich bei weitem nicht behutsam genug sein kann, weil der Gebrauch dieses Namens in unserer Arbeit immer wieder notwendig wird. Vielleicht können Sie als Hörende diesem Begriff und dem, was er bezeichnet, eine entsprechende Behutsamkeit angedeihen lassen. Für mich ist wichtig, daß er in die Richtung weist, in die wir denken müssen.

Für dieses verhängnisvolle Verbundensein gibt es nun innerhalb der Schulung eine Anweisung, ein Rezept: Man sollte sich darauf einstellen, zu einer Art Konvention mit einem derartigen üblen Gesellen zu kommen, indem man sagt: Ja gut, ich will los von dir, und ich komme nicht los von dir. Aber ich will mir in meinem Tag Zeiten einrichten, in denen ich mich so setze, daß du in meinem Rücken bist und die Kette ganz locker ist, so daß ich sie nicht mehr fühle. In diesen Zeiten will ich vergessen, daß du da bist und dieses Verhängtsein mit dir in mir lebt.

Erfolg wird man mit dieser Einstellung nur dann haben, wenn man demütig sein kann! Diese dunklen Gestalten unseres Inneren geben uns nur frei, wenn wir uns vor ihnen demütigen – das ist etwas scharf ausgedrückt, aber die Richtung stimmt – und wenn wir gewissermaßen um ihr Einverständnis dafür bitten, daß wir uns eine gewisse Zeit von ihnen frei machen. Man hüte sich, zu glauben, man könne da befehlen, wie man will! Wenn man nicht in eine Konventionsbeziehung zu diesen Mächten und Gestalten eintritt, wird man nie erreichen, daß sie einen freilassen.

In manchen Büchern zu diesem Thema sieht alles sehr einfach aus. Auch ich spreche in anderen Zusammenhängen vielleicht in einer etwas leichteren Art darüber. Aber von dem in diesen Vorträgen behandelten Aspekt aus muß darauf aufmerksam gemacht werden, daß man hier mit selbstherrlicher Gewalt nichts erreichen wird. Diese geistigen oder seelischen Schattengebilde in unserem Inneren, die unser Bewußtsein regieren, zum Teil regieren, haben eine Macht über uns, die ihnen aus der Hand des Schicksals übergeben worden ist; und darum muß man sich mit ihnen „arrangieren", wie man zu sagen pflegt. Damit wird erreicht, daß man eine Empfindung der Freiheit des Bewußtseins gewinnen kann, in der es sich kräftigt, was wiederum bewirkt, daß vielleicht allmählich die Ketten abgelegt werden können.

Diese Vorbehalte dürfen uns keinen Augenblick in der *Grundhaltung* irre machen, die von dem Wissen bestimmt sein muß, daß wir über die Bewußtseinszustände *Herr* sein können.

Ich bin nun bei dieser langen Ausführung von einer Anschauung ausgegangen, von der man als Redner zumeist ausgehen muß, nämlich: daß das Problem ganz seriös zu nehmen sei. Lasse ich den Redner nun für einen Augenblick außer Acht und spreche nur als Pädagoge, dann muß ich Ihnen sagen, daß das Problem meistens leider weit weniger seriös ist. Gewiß, der Pädagoge ist mißtrauischer und zweifelsvoller als der Redner – aber tatsächlich kann man in mindestens fünfundachtzig von hundert Fällen feststellen, daß der Mensch *selbst* an den dunklen Gesellen *festhält*, daß also die „ideale" Schilderung vom dunklen Hintergrund, vom Schicksal höchstens in fünfzehn Fällen Gültigkeit hat. In den anderen fünfundachtzig Fällen handelt es sich um einen reinen Gewohnheitseigensinn des Menschen. Und dann heißt es ja nicht, gegen die besprochenen Bewußtseinszustände anzugehen; sondern dann ist es notwendig, sich selbst energisch und tüchtig auf die Finger zu klopfen. Hier beginnt ein weites Feld von Hysterien aller Art, und es gilt äußerst wach und energisch zu sein, um nicht – mythologisch ausgedrückt – eine Natter an seinem Busen großzuziehen, sondern das zu tun, was in diesem Falle richtig ist: sie einzusperren. Man kann ihr ja ein Näpfchen Milch in den Käfig stellen!

Jedenfalls – wenn ich nun mehr „vom Parkett aus" zu Ihnen spreche – muß ich Ihnen raten, mit dem Pathos der Bewußtseinsschaffung vorsichtig zu sein und zunächst bei sich auf eigensinnige Lusthysterie zu diagnostizieren; man wird merken, wie schnell man Luft gewinnt.

Dies war eine Art Vorbemerkung, der ich nun noch eine zweite anschließen möchte.

So, wie wir heute über diese Bereiche sprechen müssen, da wir ja an die Konvention abendländischer Geistesunterhaltung gebunden sind, kann der Anschein entstehen, als stelle ich eine Liste von Dingen zusammen, die Sie eins ums andere im Laufe der Zeit erwerben sollen. Das ergäbe ein falsches Bild. Wollen Sie es sich bitte so vorstellen, daß Sie in der Mitte einer großen Kreisfläche stehen, daß alle diese Dinge kreisförmig um Sie herum angeordnet sind und daß im Mittelpunkt, der Sie selbst sind, eine Art von Laterne ist, deren Lichtkegel den Kreis rundum beleuchtet. Durch diese Beleuchtung werden alle einzelnen Sektoren des Kreises gleichmäßig bestrahlt, und in jedem Sektor steht einer der Abschnitte, von denen wir hier sprechen. Sie werden gleichmäßig beleuchtet, und sollen gleichmäßig beleuchtet werden.

Die Absicht ist also, g l e i c h z e i t i g a l l e die verschiedenen Richtungen ins Auge zu fassen und zu beleben!
Nun stellen wir uns vor, daß in jedem dieser Kreisabschnitte ein Widerstand gegen das Licht vorliegt, also eine Dunkelheit. Die Dichtigkeit dieser Dunkelheit in den einzelnen Sektoren ist verschieden. Selbstverständlich wird eine Stelle, an der die Dunkelheit „dünner" ist, rascher erleuchtet als eine solche, an der der Finsterniswiderstand sehr stark ist. Diese Organisation richtet sich nach der persönlichen Veranlagung des Menschen, nach dem ganz persönlichen Schicksal – hier ist der Begriff des Schicksals, glaube ich, durchaus richtig angewandt –, und der einzelne wird sich im Laufe der Zeit damit abfinden müssen, daß er bei seiner Bemühung an manchen Stellen leicht weiterkommt und an anderen lange und schwer zu arbeiten hat. Hier gilt, was ich bei der ersten Vorbemerkung sagte: man muß nicht unbedingt zu boxen beginnen, um den Widerstand zu beseitigen, sondern man muß sich mit großer Behutsamkeit auf diesen Widerstand einrichten.
Folgendes ist nun peinlich: In den Sektoren, in denen das Licht rasch durchdringt, verändert sich, sichtbar, wahrnehmbar, etwas in uns; und die Umwelt wird, ohne sich über das Warum Rechenschaft zu geben, fühlen, daß etwas in der Richtung auf eine Durchleuchtung in Bewegung ist. Aber man weiß, daß, je stärker das Licht an einer Stelle wird, die Dunkelheit der angrenzenden desto stärker zutage tritt. Da nun das Durchlichtetsein das ist, was dem Menschen „eingeht", ohne daß er darauf achtet, bleiben die Menschen unserer Umgebung nur fasziniert von unseren stärker wirkenden Dunkelheiten.
Unsere Umwelt verlangt von jemandem, der sich grundsätzlich für Geistiges interessiert, der darüber hinaus auf irgendeine Weise mit dem Christlichen zu tun hat und am Ende gar

noch eine Schulung durchmacht, daß sein Plateau vom Auferstehungsmorgenlicht vollkommen überleuchtet und durchdrungen zu sein habe! Die Umwelt erwartet außerdem, daß man Steine in Brot verwandelt, von Tempelzinnen herunterspringt und noch manches andere. Sie, die das alles erwartet, hat nichts anderes zu tun, als festzustellen, wie schwarz man auf der Backe und an dem Finger ist, und so weiter. Und der Schüler wird davon sofort irritiert, läuft vor den Spiegel und stellt das gleiche fest.

Läßt man sich dadurch irritieren, ist es besser, die Laterne zu löschen; dann ist man genau so grau, wie die übrige Welt auch. Zieht man nur den üblichen grauen Schleier der Sorge über sein Angesicht, dann stellt jeder der Vorübergehenden befriedigt fest, daß man auch nichts Besseres sei; und das ist ja das einzige, was diese Zeitgenossen wissen wollen.

Wenn man das nicht will und sich in der Schulung nicht irritieren läßt, muß man damit rechnen, von der Umwelt nichts anderes zu hören zu bekommen, als wie schlecht man sei. Dies ist für den Okkultisten nun gerade die Bestätigung dafür, daß man an sich zu arbeiten begonnen hat. Ich hoffe, Sie verstehen mich richtig. Es ist nicht so, daß man darauf aus sein müßte, der Welt immer noch böser zu erscheinen! Selbstverständlich sollte man weiter danach streben, die Schatten zu beseitigen; aber man sollte sich nicht darum kümmern, was die anderen über einen zu sagen haben.

Das war die zweite Vorbemerkung. Eine dritte, die ich anschließe, hat hierzu enge Beziehung.

Für uns selbst handelt es sich darum, in eine Beziehung zu diesen Schatten zu kommen. Der durchschnittliche Mensch verhält sich so, daß er sie nicht anschaut. Es gibt wohl zwischen dem vierzehnten und zwanzigsten Lebensjahr eine Zeit, in der man aus dem schönen Wahrheitsstreben jener Jahre auch diese Erscheinungen seines Wesens anschaut, ohne in dieser Jugend schon ein richtiges Verständnis für sie zu haben. (Hätte man es, fände man vielleicht nicht dazu, sie anzuschauen.) Aber in dieser Zeit treten zugleich so viele andere Dinge in den Vordergrund – Beruf, Beziehung zum Du –, die den Menschen ganz ausfüllen und derartige Aufgaben in den Hintergrund drängen. Und dann beginnt unser Wesen, sich mit dieser merkwürdigen Bequemlichkeitsanwandlung einzurichten. Es ist wie in einem Kreis von Geschwistern, zu denen eines gehört, das allen anderen widerlich ist. Man kann nichts dagegen tun, daß es da ist; aber man versucht, es so weit wie möglich zu ignorieren; seine Existenz wird unwillig geduldet. So etwa leben die Menschen zumeist mit ihren Dunkelheiten. Man kann ihr Verhalten auch mit dem von Ehepartnern vergleichen, deren Ehe in die Katastrophe und Sinnlosigkeit eingegangen ist, die sie aus irgendwelchen Gründen nicht auflösen wollen, obwohl beide fortwährend das Belastende und Belästigende des anderen empfinden; sie versuchen sich nun so einzurichten, daß sie sich so weit wie möglich von diesen Belastungen frei halten.

Hier ist eine Änderung unbedingt notwendig.

Diese dunklen Gestalten in unserem Leben sind zumeist ein Erbe, aber man hüte sich, den Blick an der Familie festhaften zu lassen. Gewiß kann man in ihr die Begründung für manche dieser Dunkelheiten finden, aber das sollte nicht wichtig sein für einen geistig strebenden Menschen. Er sollte Ausschau halten nach der Menschheit! Wir sind nicht dazu geboren, in individueller Sorglosigkeit und Ungebundenheit durch den weiten Raum der Menschheit zu taumeln oder uns in ihm zu tummeln! Wer berufen ist zu der Würde des Menschseins, hat auch die Pflicht, an der Aufgabe des Menschentums nach Maßgabe seiner Möglichkeiten teilzunehmen. Daß uns die Lasten zufällig von Eltern und Voreltern vererbt werden, braucht uns nicht zu interessieren, denn auch sie sind nur Repräsentanten der Menschheit. Es ist die Gottheit, die sie uns auf dem Umweg über Menschen auferlegt; und es besteht kein Grund, warum wir nicht tragen sollten – und da diese Dinge zu unserem Selbst gehören: an uns selbst tragen sollten! Daß es uns gegeben sein sollte, lastenlos durch dieses Dasein zu schreiten – welch ein Unsinn, das zu glauben! Weit wichtiger ist es, ins Auge zu fassen, welch eine Kraft uns gegeben ist, tragen zu können und zu wissen, daß diese Kraft noch lange nicht ausgenützt ist. „Einer trage des anderen Last": das ist relativ leicht. Aber: trage du deine Last – das bedeutet eine Aufgabe.

Seit Jahrtausenden versuchen die Menschen mit Moral und allem Möglichen dahin zu kommen, lastenfrei oder, wie sie sagen, gut zu werden. Eine Schulung, die wahrhaftig ist, kann nie darauf ausgehen, den Menschen besser zu machen, denn für eine ernsthafte Schulung ist der Mensch gut, wie er ist! Das Urteil „gut" oder „schlecht", „besser" oder „schlechter" steht dem Menschen, der wirklich eine geistige Schulung anstrebt, nicht an; für ihn gilt kategorisch das hohe Wort der Weisheit, das Jesus von Nazareth sprach: „Richtet nicht, auf daß ihr nicht gerichtet werdet!"

Das gilt ganz grundsätzlich. Es gibt Bereiche in unserem Leben, in denen wir zum Richten gezwungen sind, sehr zu unserer Betrübnis. Aber an allen Stellen, wo es möglich ist, nach diesem Wort zu leben, sollten wir radikal auf das Richten verzichten. Was bewirkt werden muß in einer inneren Schulung, ist nur die Entwicklung der inneren Kraft des Menschen. Man kann damit die Hoffnung verknüpfen, daß die Laterne im Mittelpunkt einmal so stark leuchten möge, daß sie alle im Sektorenbereich auftretenden Finternisse überwindet. Aber ist es notwendig, daran zu denken, oder ist es nicht nur ein Eitelkeitsstreben für einen selbst? Ist es nicht viel würdiger, einfach das zu sein, was der Mensch in Wahrheit ist: ein Träger von Lichtem und Dunklem, von Gutem und Bösem?

Der jahrtausendealte Versuch, lastenfrei zu werden, ist völlig widersinnig, denn man stellt sich durch ihn nicht nur den Gegebenheiten gegenüber falsch ein, sondern man wird wahrnehmen, daß man mit dieser Last untrennbar verbunden ist.

Unser Freund von der moralischen Seite wird hier sofort mit seinen Zweifeln kommen und sagen: „Ja, aber wo bleibt dann das sittliche Bemühen des Menschen?“ Dafür bleiben so viele andere Räume, daß wir uns nicht gerade an dieser Stelle darauf kaprizieren müssen. Wer so fragt, hat keine Ahnung von der Weiträumigkeit des menschlichen Feldes für eine solche Bemühung. Im übrigen werden die moralischen Kräfte beim Tragen der Last gewiß in genügendem Maße in Anspruch genommen.

In der Schulung wird man all diesen Dingen gegenüber zu einer ganz bestimmten Gebärde kommen. Man wird jeweils die dunklen Sektoren seines Kreises durch einen ernsten, stillen Gruß einfach in die innere Entwicklung einbeziehen. Darin liegen Anerkennung und Würdigung, die bewirken, daß wir von diesen Dunkelheiten her ein gewisses Wohlwollen spüren und wenigstens die Freiheit erlangen können, die wir benötigen, um an dem Weg unseres inneren Strebens ungehindert arbeiten zu können.

Dies alles muß man im Auge haben, wenn man zu einer geistigen Arbeit ansetzt – im Sinne eines Überblickens, einer ganz kurzen, aber ernsten und gehaltenen Besinnung.

Wenn ich zurückschaue auf alles das, was ich zu diesen Grundhaltungen gesagt habe, so bin ich der Meinung, und

Sie gewiß auch, daß man damit reichlich beschäftigt sein kann. Ich möchte hier noch einmal hervorheben, was ich in anderer Weise schon angedeutet habe: Es ist wahrheitsgemäßer und sicherer, mit Hilfe der angegebenen Haltungs-, Räumungs- und Ordnungsarbeit an eine Stelle zu kommen, an der die Nähe der anderen Welt spürbar wird – der anderen Welt, die unsere Welt durchdringt –, als ohne diese Arbeit sich mit dem Pathos abendländischer intellektueller Überzüchtetheit auf große, gewaltige Worte zu stürzen und sich durch sie Schein und Glanz zu verleihen. Man muß sich fragen, für wen man sich eigentlich mit diesem Schein versieht, da die Götter ihm nicht glauben und andere Menschen ihn nicht sehen können. Ohne diese Arbeit kann in Wirklichkeit die Glut dieser Worte den Panzer unserer Verschlossenheit gar nicht durchdringen. Weil wir nicht wissen wollen, wer wir sind, bleibt die Pforte geschlossen! Welchen Wert hat es für uns, wenn das Licht, das wir uns erzwingen, nicht in unser Inneres eindringen kann, sondern an einer äußeren Hülle abgleiten muß?
Ich spreche von meiner ganz bestimmten Sicht her, die eine doppelte ist: eine Erkenntnis-Sicht, die man vielleicht auch eine Einsichts-Sicht nennen kann, und eine Erfahrungs-Sicht. Sie müssen damit rechnen, daß man in anderen Schulungen andere Wege geht. Es gibt zum Beispiel die in okkulten Kreisen vielfach verbreitete Anschauung, daß es besser sei, sich dem Schmelzlicht hoher Worte auszusetzen, als so zu verfahren, wie ich rate. Mir hat eine lange Erfahrung mit anderen Menschen und mit dem eigenen Wesen gezeigt, daß das ein riskantes Verfahren ist, weil sich auf dem Scheinglanz eine ganze Schar von Luziferchen tummelt, die uns ständig in ihr Garn locken und der Eitelkeit und der Illusion grenzenlos Raum schaffen. Ich glaube nicht an den Schmelz-

wert der Mantren für uns Heutige, wenn wir *unsere Arbeit* unterlassen.

Viele der heute wirkenden Täuschungen kommen aus dem fernen Osten; man vergißt, daß der östliche Mensch vor Jahrtausenden, als jene Systeme entstanden, eine ganz andere Wesens-Struktur hatte, eine weit kindlichere, reinere, gesündere. Es ist unmöglich, die Dinge, die für einen solchen Menschentyp gültig sind, auf den heutigen Menschen zu übertragen, der so verwirrend kompliziert geworden ist. Es ist dabei gleichgültig, ob der Abendländer noch zu jung ist und sich erst durch das Chaos hindurcharbeiten muß, und der östliche Mensch alt ist und die Reife erreicht hat, oder umgekehrt; das spielt keine Rolle. Wichtig ist nur die Erkenntnis, daß da zwei ganz verschiedene Menschentypen einander gegenübergestellt sind.

Fraglos ist die *Bewußtseinsarbeit* dasjenige, woraufhin der abendländische Mensch durch das Schicksal seiner Epoche erzogen worden ist und wozu er befähigt ist. Niemand wird den Rat irgendwie rechtfertigen können, daß ein Mensch auf den ihm möglichen Beitrag zugunsten einer bequemen magischen Einwirkung verzichten solle, welcher er dann das zumutet, was er selbst nicht leisten will. Ich halte es für würdiger und ordentlicher, *zunächst* das zu tun, was man *selbst* tun kann, bevor man den Anspruch an anderes erhebt, zumal da wir wissen, daß wir immer an jener Schwelle in außerordentlichem Ausmaß des gnadevollen Mitwirkens der anderen Seite bedürfen, wenn wir überhaupt weiterkommen wollen. Darum kann eben dem Menschen unserer Zeit diese eigene Arbeit nicht erspart werden. Und an dem Erfolg wird man ganz deutlich spüren, was bewirkt wird: von einem hintergründigen Aspekt aus gesehen geschieht nichts anderes, als daß der Versucher tatsächlich zum Weichen gezwungen wird, den der Mensch auf dieser

Stufe als den Feind, als das Böse erlebt – auf einer höheren Stufe, später, als den Prüfungsherrn. Diese Macht muß einfach weichen. Wenn man die Einstellungen vornimmt, von denen ich gesprochen habe, wird allmählich eine Helligkeit im Inneren bewirkt. Zuerst entsteht eine Ruhe des Gemütes, die als Lichtverstärkung wahrgenommen wird. Dann wird man erleben, wie durch dieses Arbeiten an der Erkenntnis des eigenen Wesens eine geistige Wachheit in einem zunimmt. Es ist, als bekäme der Wachzustand Tiefe. Das Erwachen wird immer umfassender.

Dann wächst aus diesem ruhigen, leidenschaftslosen, aus diesem „versöhnlichen" Betrachten der eigenen Gegebenheiten eine Besinnung auf das eigene Wesen; aus ihr eine Besinnung auf das Wesen der Menschheit und dann auf das Wesen der Welt. So entsteht eine Stimmung der Besinnlichkeit, die den Menschen vollkommen erfaßt. Zuletzt erblüht etwas, was ich in diesem Zusammenhang für das Schönste halte: wie Regen uns zufließt, wenn wir draußen in der Natur sind, ohne daß wir etwas dazu tun, so fließt uns ein inniges, warmes, friedvolles Einverständnis mit dem Wesen des Daseins zu. Es entsteht eine Stimmung der Nachsicht, der Vergebung, des Mitleidens, des Mitfühlens, ein in der Tiefe verankertes Verstehen aller der Wesen, die an dieser Welt beteiligt sind, und damit in dem Zwischenraum zwischen Ich und Du eine wunderbare, stille Versöhnlichkeit, beinahe eine strömende All-Liebe.

In dem eigenen Wesen breitet sich dabei immer mehr und mehr ein ganz fester Friede aus. Aber auch eine wirkliche Freude wächst. Man wird auch ein körperliches Wohlbehagen wachsen fühlen. Also nicht nur im seelischen und geistigen Gebiet wird etwas bewirkt, sondern auch im körperlichen. Ich möchte das alles erwähnen, weil solche

Dinge in den geistigen Kreisen des Abendlandes nicht gerne gesehen werden.

Wenn man dann wie zufällig in einer ganz ungezwungenen Art in den Baum über sich greift und eines dieser schweren, goldenen Worte herunterholt – etwa eines aus dem Munde des Jesus von Nazareth –, dann wird man erleben, wie rasch, wie spielend Meditation geschieht.

Tritt man dann zurück und überlegt sich, was man eigentlich getan hat und was daraus geworden ist, dann stellt man überrascht fest, daß man das meditari vollzogen hat, denn man hat sich wirklich inmitten gefühlt.

VIII

Bei *jeder* sogenannten inneren oder geistigen Arbeit oder Schulung geht es wohl darum, daß der Mensch an jene Kräfte des Daseins Anschluß sucht, die sich ihm im *Werden* offenbaren, in dem Werden, das er unmittelbar mit der Vorstellung des Lebens verknüpft. So ist dieses Bemühen ausgerichtet auf den Anschluß an das Lebendige.

Der Vorstellungswelt, die dieses Bemühen leitet, liegt zweierlei zugrunde: das mehr oder weniger bewußte *Wissen* davon, daß der Mensch den Anschluß an das Lebendige benötigt, daß er zu ihm gehört; und das *Erlebnis* des Menschen, daß in ihm etwas wirkt, das diesen Zusammenhang mit dem Lebendigen stets beeinträchtigt. Dieses Wissen und dieses Erlebnis erweisen sich als unerläßlich notwendig, damit im Menschen der Impuls entstehen kann, etwas zu unternehmen, was ihn in einen gesteigerten Zusammenhang mit dem Lebendigen führen könnte.

Gedanken und Formulierungen dieser Art zu dem Problem gehen von einem bestimmten Raum aus, dem Raum unseres aktuellen Tagesdenkens. Daß man damit nur annähernd an das Wesentliche herankommt, wird ohne nähere Erklärung verständlich sein.

Sobald man etwas intensiver über das angedeutete Problem nachzudenken beginnt, stellt man fest, wie sehr das Ich in einer massiven Welt gefangen ist; wir können da beginnen, wo wir wollen. Man sieht, daß dieses Ich gleichzeitig in verschiedenen Gefängnissen eingesperrt ist – man könnte auch sagen: in einem Gefängnis mit vielen Mauern.

Nehmen wir einmal die allgemeinen, einerseits primitiven und andererseits umfassenden Vorstellungen von Raum und

Zeit: Jeder von uns ist sich in einem Zimmer zum Beispiel sofort darüber im klaren, was oben und was unten ist. Denkt man dem nach, so kann man gar nicht anders, als anerkennen, daß der Boden, auf dem die Stühle stehen, das Untere und die Decke das Obere ist. Wir halten uns selbstverständlich an diese Vorstellungen gebunden, und in einer menschlichen Gemeinschaft würden wir gar nicht wagen, etwas anderes zu behaupten.

Wenn wir nun weiterdenken – vielleicht liegt aber der Beginn eines richtigen Denkens erst da, wo wir alles durch unseren Denkvorgang Erreichbare in das Denken einbeziehen; ein Denken, das sich auf Ausschnitte beschränkt, kann gerechtfertigterweise nicht als Denken bezeichnet werden –, wenn wir also in unserer Vorstellung den berühmten Stab durch die Erde hindurchstecken und irgendwo bei unseren Antipoden in Australien ankommen, so muß uns klar werden, daß das, was für uns das Untere, für den anderen das Obere ist, daß also das, was für uns gilt, für einen anderen gar keine Gültigkeit hat. Gehen wir noch weiter in das Sphärische hinaus, so können wir uns in einen Vorgang hineindenken, in dem von vorneherein das, was oben ist, zum Unteren wird, und das, was unten ist, zum Oberen wird.

In der Geometrie lernen wir, daß zwei Parallelen sich im Unendlichen schneiden. Wir pflegen getrost einen Eisenbahnzug zu besteigen, der auf parallelen Schienen dahinfährt, weil wir hoffen und auch ungefähr wissen, daß unser Wagen, wenn nicht gerade ein Mißgeschick passiert, nicht entgleisen wird. Wie aber wäre es, wenn wir wirklich mit diesem Wagen an die Grenze der Unendlichkeit, in die Unendlichkeit hinein führen und die parallel gelegten Schienen sich schnitten? Was würde dann aus uns? Selbstverständlich fahren wir nur bis Paris oder Hamburg, wir fahren nicht bis in die Unendlichkeit. Aber in dem Augenblick, in dem die Schienen ausgelegt werden, wird gleichzeitig mit ihnen das Prinzip gelegt, sich irgendwo im Unendlichen zu schneiden; und ich kann die Schiene nur dann wirklich denken, wenn ich sie zu Ende denke. Ich sehe die beiden Schienenstränge also auf jenen Schnittpunkt zufließen.

Nun wissen, manchmal hoffen, manchmal ahnen wir es –, daß wir einmal die Unendlichkeit erreichen werden, jenen Ort, in dem das Getrennte in einem Punkt zusammenfließt. Parallelen stellen im irdischen Raum das Bild größter Getrenntheit dar. Jede andersförmige Beziehung zueinander bedeutet schon eine Zuneigung. Wenn also schon die Parallele auf die Verschmelzung zueilt, wo sie aus dem Endlichen in das Unendliche übergeht, wie viel mehr jedes andere „Nebeneinander". Irgendwo schmilzt alles zusammen in diesem einen Punkt.

Damit wird der Raum zu etwas Vorübergehendem.

Wir denken an die Zeit – und erkennen, daß manches in unserem Leben sich innerhalb der Zeit abspielt in der Weise, daß es ihr verhaftet erscheint, daß anderes aber nicht in der Zeit bleibt, sondern zeitlos wird: Erinnerung, Träume, Phantasien, Ahnungen. Vergangenheit und Zukunft binden uns nicht, wir können uns von ihnen befreien und in einen Raum gelangen, in dem wir zugleich auch irgendwie glücklich sind. Erstaunt betrachten wir die Photographie von einem Menschen, der uns nahe stand, und wissen, daß wir in uns ein Bild tragen, das wohl eine Ähnlichkeit mit dieser Photographie besitzt und doch ganz anders ist, und daß dieses Bild in unserem Inneren die lebendige Wirklichkeit darstellt. Die Photographie gibt etwas aus der Zeit wieder; das innere Bild kommt aus einem anderen Raum, aus einer anderen Welt, aus einem anderen Wesen.

Mit solchen Gedanken ist noch nicht mehr getan, als daß wir an dem Gefängnis von Zeit und Raum zu rütteln beginnen;

wir spüren, daß etwas da ist, was von diesem Gefängnis nicht gehalten werden kann, wir ahnen, daß wir etwas in uns besitzen, das davon frei ist. Anfangs ist es schwierig, später wird es leichter, und man wird bald eine Routine darin gewinnen, sich da hineinzuversetzen. Die Urteile, die die menschliche Gesellschaft für solches Tun hat, die alle in die Richtung „Irrsinn“ gehen, dürfen uns gar nicht bekümmern.

Nun kann es sein, daß man einen kleinen Spaziergang im Winter macht und beglückt feststellt, daß die Sonne da ist und scheint. Man blickt hinauf zum Himmel, sieht sie und denkt: das ist schön, daß heute die Sonne scheint. Plötzlich beginnt das Wesen in uns, das vielleicht schon da und dort zur Schulung angereizt worden ist, lebendig zu werden und uns laut ins Ohr zu rufen: „Die Sonne scheint!“ Und unversehens wie in einem Erwachen fragt man sich: „wieso?“ und stellt fest, daß man zwei ganz starre Vorstellungen hat: die der Sonne und die des Scheinens; und daß man die beiden Vorstellungen zusammenfügt und dieses Gefügte zu einem stehenden Ausdruck macht, der sofort auftaucht, wenn man diesem Phänomen des Lebens gegenübertritt.

Nun lassen wir diesen Satz und Inhalt: „Die Sonne scheint“ verschwinden; wir räumen ihn einfach weg. Sind wir etwas ängstlich, werden wir vielleicht dabei nervös, weil an der leeren Stelle nichts steht, und beginnen rasch nach einem Ersatz zu suchen. Später werden wir dieses Suchen lassen und denken: Wie schön, daß endlich einmal diese Pappdeckelschablone nicht da ist, die immer auftaucht, wenn ich die Sonne in diesem Zustand erlebe. Wie schön, daß endlich einmal eine Freiheit da ist!

Jetzt setzen wir uns in Beziehung zu dieser – schon zögern wir und überlegen: zu wem eigentlich? „Sonne“ – wissen wir denn, was das bedeutet? Wissen wir, warum wir wie

Millionen Menschen zu diesem Gebilde „Sonne“ sagen? Wissen wir, warum dieses Gebilde für uns ein weibliches Wesen ist? Wir erinnern uns, daß die Griechen und die Römer daraus einen Mann gemacht haben, daß das also auch möglich ist; und wir zögern und fragen uns: Also hast du die Pflicht, dieses Gebilde da oben wirklich als ein weibliches Wesen zu erleben? Wann hast du es je als weibliches Wesen erlebt? Seit Jahrzehnten sagst du „die Sonne“ und hast dir nie Gedanken darüber gemacht, daß du sie weder als Mann noch als Frau, sondern überhaupt nicht in dieser Hinsicht bedacht hast. Aber dann sprichst du doch jedesmal, wenn du sagst „die Sonne“, beinahe eine Art von Meineid aus, denn du bezeugst durch das Wort etwas, was du nicht weißt.

Dann beginnen wir zu spielen: Also gut, jetzt sage ich einmal „das“ Sonne; dann sage ich „der“ Sonne; dann sage ich „die“ Sonne; oder ich lasse den Artikel weg und spreche nur von „Sonne“. Und jedesmal erlebe ich etwas anderes. Wenn ich nur „Sonne“ sage, ist mir behaglich, denn da bin ich um die Entscheidung herumgegangen. Auch das muß ich sofort fühlen, daß ich deshalb gern danach greife, weil ich vor irgend etwas Angst habe; höflicher gesagt: weil ich unsicher bin. Jede Unsicherheit hat eine Angst zur Ursache; auch das muß ich zur Kenntnis nehmen. Darum ist es besser, ich sage gleich: ich habe Angst. Es wird etwas von mir verlangt. Dieses Gebilde, das ich da oben sehe, verlangt von mir eine Antwort auf die Frage, warum ich es so nenne.

Wenn man antwortet: „Ja, ich sage so, weil ich ein Deutscher oder eine Deutsche bin“, dann weiß man, daß diese Antwort nicht genügt. Man kann sich nicht in solch einem Augenblick auf ein derartiges Sprachkollektiv berufen, da man Zeit genug gehabt hat, um zu überlegen, warum man sich hier an die deutsche Sprachgemeinschaft anschließt.

Dann kommt der Moment, da ich zum erstenmal versuche,

mich mit diesem Wesen in Beziehung zu setzen, zu fragen, was es eigentlich ist.

Nun bin ich noch lange nicht beim „Scheinen". Was ist denn Scheinen? Wie komme ich dazu, zu behaupten, daß die Sonne scheint? Ich werde dann andere Worte nehmen, von Leuchten, von Strahlen sprechen und jedesmal zu überlegen versuchen, was in mir, in meinem Bewußtsein, in meiner Erkenntnis geschieht.

Und allmählich verändert sich während meines Spaziergangs in meinem Bewußtsein alles. Es kommt jetzt gar nicht darauf an, gescheite Dinge zu denken. Meistens denkt man nur dann gescheite Dinge, wenn man sie irgendwo gelesen und gelernt hat. Es ist besser, wenn man nichts gelernt hat, denn dann ist das Abbauen weniger mühsam.

Aber man wird erleben, daß man in sich etwas verändert hat. Bei einer gewissen Steigerung kann man dahin kommen, daß man versucht, mit der Sonne identisch zu werden – ein Versuch, aber warum sollte man ihn nicht unternehmen? – und dadurch, daß man mit ihr eins zu werden oder in sie einzudringen versucht, ein sonnenhaftes Bewußtsein in sich zu erzeugen.

Anfangs ist das etwas Fremdartiges. Aber so bleibt es nur für den, der nicht genügend Geduld entwickelt. Bei dem Kind in der Schule versteht man das, beim erwachsenen Menschen in manchen Berufsfragen auch, aber an der Stelle, an der wir jetzt sind, findet sich nicht so leicht ein Grund, warum der Mensch hier nicht verweilt. Später, wenn er verweilt hat, wenn er sich gezwungen hat, in dieser Weise mit der Sonne umzugehen, wird er allerdings wissen, warum er wieder weg wollte. Ein derartiger intensiver Umgang mit dem Wesen der Sonne bringt sehr unangenehme Urteilsbildungen über das eigene Wesen mit sich.

Man wird anfangen, den ganzen Menschen mit dem Wesen

der Sonne in Beziehung zu bringen. Man beginnt etwa zu denken: Wie sähe es in meinen Gedanken aus, wenn ich Sonne wäre? Darüber brauche ich jetzt nichts weiter zu sagen; ich hoffe, es wird Ihnen allen sofort etwas angst bei der Vorstellung, sie müßten den seitherigen Inhalt Ihres Denkens mit dem vergleichen, der enstünde, wenn dieses Denken sonnenhaft wäre.

Man weiß: Was man als die Lichtstrahlung der Sonne erlebt, kann man am ehesten mit seinem Denken in Zusammenhang bringen; es gibt die Vorstellung eines Denkens, das strahlt. Die Sonne kümmert sich bekanntlich nicht darum, wenn ihrem Strahlen etwas entgegensteht. Sie ist nicht beleidigt, wenn eine andere Gottheit ihr Wolkenschaum ins Gesicht bläst. Rasch überlegt man sich: Wie habe ich denn heute in meinen Gedanken reagiert, als ich meinem Lebenspartner begegnete, der deutlich die Spuren seiner Umwölktheit im Gesicht trug? Man wird sofort entdecken, daß von dem, was die Sonne in einem solchen Falle tut, keine Rede sein kann.

Wenn man ein wenig auf Lebensgenuß veranlagt ist, dann wird man sich für einige Zeit einen Spaß daraus machen, ein sonnenhaftes Denken zu entwickeln. Man weiß natürlich genau, daß man es nie so gut kann wie die Sonne – aber wenn wir einen berühmten Sänger ein Lied singen hören und es uns gefällt, so singen wir es ja innerhalb unserer vier Wände auch nach, obwohl wir wissen, daß es bei uns nie so gut wird wie bei dem, der da oben gesungen hat. Warum soll man also nicht anfangen, auch wenn man nicht dahin gelangt, wohin die Sonne gekommen ist?

Man wird erleben, was geschieht, wenn man sich vornimmt, zunächst für einige Stunden am Tage, nach einem Vierteljahr für einige Tage im Monat, nach einem weiteren Vierteljahr einmal für meherere Wochen hintereinander ganz „stur“

allein im Sinne zu haben, der Sonne in puncto Strahlung im Raume des eigenen Denkens Konkurrenz zu machen. Schwierig, wenn man zum Beispiel einem anderen mißtrauen will – das darf man sich dann nicht leisten! Schrecklich, wenn man etwas Verdächtigendes denken möchte – das kann man sich nicht leisten! Unangenehm, wenn man Sorgen in seinen Gedanken haben will – das kann man sich nicht leisten! Man kann diese Versuche nur betreiben, – man kann überhaupt eine innere Schulung nur durchmachen, wenn man sich ein heiteres Gemüt anschafft und einen genußreichen Sinn für das Dasein.

Ich betone das besonders deshalb, weil im Zusammenhang mit innerer Schulung sonst nur vom Ernst gesprochen wird, womit etwas sehr wenig Erheiterndes und Vergnügliches zustande kommt. Der Ernst ist eine Seite der Angelegenheit, aber im Augenblick spreche ich von der anderen.

Besitzt man eine gewisse Elastizität, dann wird man sich sagen können: Sicher werde ich einmal auch wieder jener Seite in mir Rechnung tragen müssen, die ihre Lust daran findet, über andere Menschen schlecht zu denken, mißtrauisch und niederträchtig zu sein; auch daran werde ich wieder einmal Freude haben müssen, weil ich das will und oft gern tue. Ich werde auch wieder einmal Sorgen haben wollen. Gut, das kann ich auf später verschieben. Aber in diesen Stunden, Tagen, Wochen, für die ich mir vornehme, sonnengleich zu werden, erlaube ich mir das nicht!

Habe ich das nun soweit durchexerziert, daß ich mir stillvergnügt sagen kann: „Wenn du in der Zukunft wieder einmal Lust hast, an der Stelle des Denkens mit der Sonne zu konkurrieren, dann brauchst du nur auf den Knopf zu drücken und wirst es können!“ – bin ich so weit gekommen, dann werde ich denken: Jetzt muß ich angesichts dieses

Wesens da oben etwas anderes üben, und das ist: überall solche Wärme zu verbreiten, wie die Sonne es tut.
Und zwar will ich es so können, wie sie es kann: daß ich erst einmal eine kühle Atmosphäre lau mache – „laue Lüfte fühl ich wehen, goldner Frühling taut herab", mit solchen Gedanken muß meine Umwelt auf mich reagieren. Dann muß ich einen warmen Sommermorgen hervorbringen. Aber ich muß auch Mittagsglut verbreiten können. Ich muß erreichen, daß die Menschen schwitzen, wenn ich auftrete; daß ich ihnen nicht nur warm, sondern mitunter auch heiß mache. Man vergißt das nämlich. Die abendländischen Menschen, vor allen Dingen süddeutscher Provenienz, denken in gemüthafter Sentimentalität bei Sonnenwärme immer an etwas liebevoll Umhütendes, an +18 Grad, und vergessen darüber ganz, daß, wenn man wie die Sonne sein will, man noch einiges andere mehr können muß. Ja, man muß, wenn man mit ihr gehen will, auch die Abendkühle kommen lassen können. Und man muß sogar als Wintersonne aufzutreten vermögen, wenn man mit ihr leben will. Und wiederum wird man auf diese Weise sehr vieles erfahren können.
Das wird also das nächste halbe Jahr füllen. Und danach wird man sich vornehmen, zu ergründen, woher dieses Wesen solche Energie besitzt – denn, wenn man wirklich geübt hat, hat man inzwischen gelernt, wie schwer es ist, im gedanklichen Bereich dauernd zu strahlen, wie schwer es ist, im Gefühlsbereich, im Empfindungsbereich oder in der Herzregion fortwährend eine Temperatur zu verbreiten, die der augenblicklichen Schicksaislage angemessen ist. Dazu gehört, daß man bei einer Begegnung mit einem Menschen weiß, ob er gerade im Juli lebt oder im November. Denn auch der vertrauteste Mensch lebt heute im Sommer und morgen vielleicht im Winter. Der Mensch ist ein merkwürdiges Gebilde und hält sich nicht an die braven Ordnungen

der Natur. Entsprechend muß ich die Wärmestrahlung meiner Sonne einrichten, ich muß auch wissen, ob ich dem Partner als einem Morgen-, Mittag- oder Abendmenschen begegne. Wenn ich zum Beispiel mit meiner Mittagsglut jemanden überfalle, der gerade erst mühselig aufsteht, dann werde ich erleben, daß dabei nichts Gutes herauskommt. Wenn ich ihm aber mittags begegne und bemerke, daß er mehr oder weniger durch seinen Tag dahintrottet, dann ist es richtig, meine Glutstrahlen auf ihn zu richten und ihn zum Schwitzen zu bringen, damit er etwas in Trab gerät. Je nachdem also – ich unterbreite nur ungefähre Vorschläge.

Nachdem man das erlebt hat, wird man sich fragen, aus welcher Energie dieses Wesen lebt. Man wird versuchen, nachzuahmen, was von der Sonne geleistet wird. Davon können wir am wenigsten wissen, wir sehen nur einiges. Vielleicht ist das Wesentliche, was wir für diese Ebene der Tatkräftigkeit gewinnen, die unbeirrbare Gleichmäßigkeit eines zielsicheren Weiterstrebens. Dabei wird man das Mysterium der Sonnenbahn erleben können. Es wird beschämend für uns sein, wenn wir vergleichen, daß wir uns immer wieder durch irgendwelche Dinge abbremsen, aus der Bahn werfen lassen. Wie wenig wir der Sonne gleichen!

Ist man nach etwa zwei Jahren innerer Übung mit der Sonne bis an diesen Punkt gekommen, dann ahnt man vielleicht etwas von ihrem Wesen und versucht nun, aus diesem Erlebnis das Wort „Sonne“ ein wenig zu verstehen. Man bemüht sich zu begreifen, warum dieses Wesen als ein weibliches aufgefaßt wird. Hier gerät man mit den eigenen Gedanken in die Nähe der Sprache und versteht, daß sie aus dem Sohn nicht die Tochter macht, sondern die Sonne, also etwas, das mit dem Sohn zu tun hat, aber der eindeutigen männlichen Ausprägung des Sohnes das innere Mysterium des Weiblichen hinzufügt. Man erfaßt, daß die Innerlichkeit der Sonne weiblich, das nach außen Tretende männlich gedacht ist, daß also ihr W e s e n vom Weiblichen her bestimmt wird und darum der weibliche Artikel Gültigkeit besitzt. Von nun an kann es geschehen, daß man in einem innigen Einverständnis mit ihr zu ihr aufblickt und denkt: Jetzt weiß ich wenigstens, warum ich „die Sonne“ sage, und weiß vielleicht auch ein wenig von dem, was sich dahinter verbirgt.

Ich habe jetzt nicht von dem Scheinen gesprochen; das schenke ich mir, es genügt wohl so.

Nach zwei Jahren werde ich feststellen können, daß für mich da, wo früher der Satz: „Die Sonne scheint“ stand, sich etwas verändert hat, daß ich an dieser Stelle meines Bewußtseinshauses einen großen, runden Anbau angefügt habe, der mein Haus vielleicht sogar u n e n d l i c h erweitert hat.

Noch etwas Bedeutsameres habe ich gewonnen: Von nun an denke ich an dieses Wesen Sonne nie mehr in einer festen Form, sondern sehe die jeweils von ihr gezogene Bahn vor mir; ich sehe, wie sie dahinrollt, wie sie steigt, fällt, stürzt. Ich erlebe, daß ihre Gebärde eine ganz andere ist, wenn sie hinter Bergen aufsteigt, als dann, wenn sie versinkt. Ich nehme wahr, wie sie mit Abendwolken und mit Morgenwolken umgeht. Ich werde ihre verschiedenen Arten von Strahlung und Wärme zu erkennen und zu erfühlen versuchen. Und plötzlich steht ein l e b e n d i g e s Wesen neben mir, ein Wesen, das sich fortwährend wandelt.

Dann habe ich mir anstelle eines aus Gewohnheit und Trägheit starren Begriffes einen lebendigen Begriff erworben. An dieser Stelle steht von nun an immer etwas Lebendiges, da ist nie mehr das Tote möglich. Und dieses Etwas ist mir in einer ganz besonderen Weise durch die Erfahrung nahe gekommen, daß es etwas W e i b l i c h e s ist. Und so muß ich mich jedesmal mit einem m e n s c h h e i t l i c h e n Problem beschäftigen, wenn ich mich diesem Gebilde am Himmel zuwende.

Nun kann der Augenblick kommen, daß ich mir sage: Eigentlich möchte ich mich von der Vorstellung von der Sonne, also auch von all den Vorstellungen, die ich mir jetzt erworben habe und die mir lieb geworden sind, lösen. Ich möchte nicht, daß da noch ein Gegenstand ist, sondern ich möchte von dem Gegenständlichen der Sonne ganz frei werden; ich denke also gar nicht mehr an die Sonne, sondern ziehe mich ganz zurück auf die Vorstellung, die ich von der Sonne habe.

Nun muß ich durch einen Korridor, in dem alle Schulmeister, die ich in meinem Leben gehabt habe, aufgereiht stehen: alt, grau, verstaubt, mit großen Rohrstöcken in der Hand, mit hochgezogenen Augenbrauen, scharf funkelnden Brillengläsern, mit Spitzbärten, in dunklen Gehröcken bis zum Boden und mit drohender Gebärde. Und hinter diesen Schulmeistern, die mich unterrichtet haben, sehe ich noch andere, die aber alle gleich angetan sind. Im Hintergrund sehe ich Immanuel Kant mit der Schar seiner gläubigen Vertreter, und lauter ähnliche Gestalten. Sie füllen den Korridor fast ganz aus, und mir ist etwas angst, daß ich hindurch muß. Sie können mir nichts anhaben, ich weiß das wohl, aber sie bilden einen Sprechchor, sie flüstern mit zischender Boshaftigkeit oder sie brüllen drohend in mich hinein: „Hüte dich ja vor dieser Welt der reinen inneren Vorstellung! Weißt du auch, daß über dem Tor, auf das du zueilst, geschrieben steht: Achtung! Achtung! der gefährliche Raum der Phantasie beginnt!“

Man muß sich schon mit dem abgeben, was die Schulmeister da warnend rufen; man muß sich daraufhin prüfen, in welchem Maße man mutig ist, und wird wohl nur weitergehen, wenn man genügend Mut in sich vorfindet. Man wird dann auch wissen, daß dieses Plakat: „Achtung! Achtung! Phantasie!“ nicht von den *Einwohnern dieses Raumes*, sondern von den Schulmeistern, die draußen stehen, hingehängt worden ist.

Und dann tritt man ein durch diese seltsame Pforte; in den Räumen, die sich öffnen, ist es erlaubt, nur seiner Vorstellungswelt zu leben, aber einer Vorstellungswelt, die den Gegenstand vollkommen vergißt, nur die in einem selbst angeregten Eindrücke lebendig sein läßt.

Jetzt beginnt etwas Wunderbares: Man sieht tausend Sonnen auf sich zurollen, wundersame Gebilde, gigantisch, übergroß; dann wieder wie ferne Sterne, dann wie mächtige Weltkugeln, in einem düsteren und erschreckenden Rot, schwerrollend; dann wie wilde Pferde durch das Weltall eilend in einer hellen, metallenen, goldenen Glut; dann wiederum ganz ruhig, abgerundet, in einer sanft verhaltenen Glut stehend. Immer neue Sonnen kommen auf einen zu, Tausende, Abertausende, und erfüllen den inneren Raum, den inneren Himmel. Und jede, jede verkündet von dem Wesen „die Sonne“, und bei jeder hat man den Eindruck: ja, das ist es, *das* ist es, nein, *das* ist es! Und immer wieder wird ein Bild vom andern abgelöst.

Wenn wir dann auftauchen aus diesen Gründen und an das Fenster treten und die wirkliche Sonne sehen, dann wissen wir auf einmal, daß die Sonne in uns mehr Sonne ist als die am Himmel. Und wir wissen auch, daß alles, was in uns lebt, größer ist als das, was als Abbild davon in der Welt vorhanden ist – ganz gewiß nicht als Anspruch gesagt, sondern in einer auf das tiefste bewegten und erschütternden Demut über dieses unvorstellbare Glück, das uns zuteil wird.

Es kommt der Augenblick, da man zur Sonne hinaufschauen und ihren Gang am Himmel während eines Tages verfolgen kann. Man sieht, daß ihre Bahn einem Gürtel gleicht, der sich um unsere Welt legt. Und plötzlich erlebt man sich jenseits dieses Gürtels und merkt, daß man mit Beziehung auf die Sonne nicht mehr innerhalb der Sphäre der Sonne lebt, sondern jenseits, und diese ganze Sphäre der Sonnenmöglichkeiten gleichsam umspannt – wobei keineswegs etwa die Behauptung entsteht, daß man alle Phasen, alle Möglichkeiten der Sonne einzeln aufzuzählen wüßte. Wie sollten wir das wollen, wie wollten wir das können? Es ist vollkommen belanglos; das umfassende Gefühl ist das Entscheidende.

Dann kommt eine andere Stufe; auf dieser Stufe denken wir nun, daß wir auch diese Vorstellung ganz fallen lassen wollen. Ich habe sie mir durch eine zwei Jahre währende Übung erzeugt; ich habe mich an ihr ergötzt; aber nun, da sie mir wohlgefällig ist, bin ich schon wieder in Gefahr, von ihr gefangen genommen zu werden. Ich richte mich nun in meinem geistigen Wesen auf einen Ort ein, den ich gar nicht kenne, aber den ich mir vorstellen kann, obwohl ich jetzt möglichst wenig mit Vorstellungen zu tun haben will. An diesem Ort will ich den Geist, der hinter der Sonne steht, finden, damit ich mit ihm eines werde.

Ich lasse also die Vorstellung schwinden. Es ist ein Gefühl ähnlich dem, wenn man in einem Fluß aufwärts schwimmt und das Wasser an einem vorbeigleitet und man das Empfinden hat: ich bringe das Wasser hinter mich – was dem Schwimmen gegen den Strom diesen unvergleichlichen Genuß gibt, weil dabei Urvorstellungen davon in uns wach werden, daß wir die ganze stoffliche Welt, die in diesem feuchten Element besonders für uns verkörpert ist, hinter uns bringen.

So versuche ich nun, durch meine Vorstellungswelt hindurchzuschwimmen und sie abgleiten zu lassen, um in den Hinter-

grund, in das Geistige zu kommen. Und wieder eröffnet sich mir eine vollkommen neue Sphäre.
Mit jeder dieser Stufen sind ganz bestimmte, konkrete Empfindungen verknüpft, und – falls man auf derartiges Wert legt – bis in das Körperliche hinein treten Empfindungszustände von höchster Annehmlichkeit auf.
Es ist merkwürdig, daß, wenn wir versuchen, nach diesen vorangegangenen Erlebnissen uns auf den geistigen Hintergrund einzustellen, wir sehr rasch in diese Richtung gelangen. Nur tritt hier etwas Wichtiges auf: wir fühlen nämlich, wie wir von allem möglichen, das an uns hängt und in uns einwirkt, gestört werden. Jeder kennt das genau: Man will sich an einem Sommerabend an einem Waldrand zur Ruhe hinsetzen und vielleicht ein wenig in die Versenkung oder in ein Gebet eingehen, und plötzlich fühlt man, wie am Bein ein Käfer krabbelt; dann kommt eine Schnake angesurrt; dann sirrt eine Mücke um uns herum; dann fällt von oben eine Tannennadel herunter, dann ein Blatt; dann schillert plötzlich die Sonne durch das Gezweig und stört das Auge; dann kommt ein Radfahrer an der Stelle vorbei, an der man allein zu sein meinte – und so weiter. Und immer wieder erfolgt ein Einbruch in etwas, das wir noch kaum errungen hatten und das uns dadurch schon wieder genommen wird.
Genau so ist es auf dem inneren Gebiet. So vieles stört unsere Absicht, eine ganz feste, wenn auch schwebend lichte Bahn zu dem Punkt zu bauen, auf den wir zustreben; und doch wissen wir genau, daß, wenn wir jetzt nur die Energie aufbrächten, g a n z auf dieses Eine gerichtet zu sein, wir unmittelbar an jene Stelle kommen würden, wo die Sonne ihren geistigen Ursprung besitzt.
Um den Bau dieser Bahn muß man lange ringen. Man kann dafür keine Zeiträume nennen, das ist für jeden Menschen wieder etwas ganz Besonderes. Hat man erreicht, daß man

in den geistigen Hintergrund der Sonne eingedrungen ist, dann wird man eine neue Haltung einnehmen. Man wird ohne jedes Streben sein, vollkommen beruhigt, wie am Ziel angelangt, und erfüllt von innerem Gleichmut. Eine klare Wachheit und Bewußtheit ist in einem; und das, worum es jetzt geht: die Sonne als geistige Vorstellung ist wie von einer Fülle von Gedankenstrahlen von uns erhellt. Alles ist in einer ruhigen Gesichertheit, eine Art von wohltätiger, strenger Ordnung waltet. Und damit verknüpft sich eine Empfindung unbeschreiblicher Seligkeit. Man lebt in dem Raum der *ewigen Ideen*.

Dieses Gefühl kann so weit gesteigert werden, daß jeder andere Eindruck und jedes andere Bild und jede andere Vorstellung schwinden und nur noch das bleibt, daß man wie von Kopf bis zu Fuß umhüllt ist mit einem weißen, leuchtenden Gewand. Es ist aber dann ein ganz reales Empfinden, nicht nur eine imaginative Vorstellung.

Dann kommt der Augenblick, da man weiß, daß man zu jener Stelle durchgestoßen ist, wo die vielfältigen Dinge unserer Welt verankert sind.

Fortwährend, von Stufe zu Stufe, hat sich unser Bewußtsein verwandelt. Sie werden verstehen, daß es keinen Sinn hat, an einer solchen Arbeit etwa so teilnehmen zu wollen, daß man versucht, in einer kausalen Weise Gedanken wirksam werden zu lassen, aneinander zu reihen und so durch eine Vermehrung des kausalen Denkens den Bewußtseinsraum zu vergrößern, sondern daß es sich darum handelt, daß man durch eine das ganze Wesen ergreifende Übung dieses Wesen verändert und in der Veränderung den seither gegebenen Bewußtseinszustand bis zur letzten Grenze erfüllt.

Und nun geschieht etwas, das ich Ihnen nicht gedanklich nahebringen kann, sondern nur schildern kann: In dem Augenblick, da man diesen Bewußtseinsraum derart erfüllt hat, ausgespannt hat, kommt ein Augenblick der Stille und des Verweilens; und dann ist es, wie wenn von einer anderen Seite etwas entgegenkäme.

Wie bei einem Stufenkanal das Schiff ruhig wartet, bis von der oberen Stufe Wasser zuströmt und es gehoben wird und dann mühelos in die andere Stufe eingleiten kann, – so geschieht es auch hier. Man fühlt, wie diese erfüllenden Kräfte einen höher tragen und wie plötzlich eine ganz neue Stufe für einen gegeben ist und damit ein neuer Bewußtseinsraum beginnt.

Sie haben heute noch ein Abbild dieses inneren Schulungsvorganges in äußeren Schulungsverhältnissen. Man spricht an der Universität von der Graduierung, wenn ein Student seinen Doktor macht. Das ist das letzte Abbild dieses Vorganges. Der Mensch erlebt die Graduierung seines Bewußtseins.

Wir haben es nun nur an der Sonne durchexerziert. Sie ist nach vielen Seiten hin ein außerordentlich lustvolles Objekt und macht den Menschen sehr viel Freude. Aber selbstverständlich müssen wir beginnen, an all unseren Bewußtseinsinhalten in der gleichen Weise zu arbeiten. Ich weiß wohl, daß der Mensch unserer Zeit nun zunächst die Hände über dem Kopf zusammenschlägt und denkt: ja, um Gottes willen, wie soll man denn das machen bei so vielen einzelnen Vorstellungen und Begriffen! So darf man nicht denken, sondern muß wissen, daß, sobald die Mauer einer Festung an einer Stelle durchbrochen ist, das Eindringen in die Festung eine Kleinigkeit ist – umgekehrt: daß, sobald es gelungen ist, von innen her in die Mauer eine Bresche zu schlagen, der Weg in den neuen Raum frei ist.

Man meine jetzt nicht, daß man Begriff um Begriff, Vorstellung um Vorstellung in dieser Weise abarbeiten muß. Es kommt darauf an, daß wir an einer Stelle ansetzen, dort zu arbeiten beginnen; wenn wir das Gewollte einigermaßen errungen haben, an der zweiten anfangen. Es kommt der Augenblick, in dem uns auch hier von der anderen Seite her eine Antwort zuteil wird. Eines Tages werden wir erwachen und merken, daß die hilfreichen Geister unseres Schicksals alle übrigen Mauern niedergelegt haben und daß wir umfassend frei geworden sind.

Dann ist man eingetreten in den „Strom“, wie der alte Buddhist sagt, und das heißt, daß von da ab das wunderbare Lebensgefühl da ist, daß nirgends – nirgends! – das bedrohliche feste Land kommt, an dem Werden und Wachsen enden könnten, sondern daß ein fortwährendes Fließen da ist; ein Strom, der uns in jedem Augenblick zu neuen Landschaften, zu neuen Bildern führt; und daß wir endlich dort sind, wohin wir wollten, nämlich in der Teilhaberschaft an dem unaufhörlichen Werden des Lebens.

Ich habe Ihnen jetzt an einem Bild etwas von dem vorgeführt, was angestrebt werden kann.

Ich breche nun diese Anweisungen ab. Auch sie brachten nur einen Teil eines größeren Arbeitskomplexes, den wir dann zu einer anderen Zeit wieder aufgreifen wollen. Doch hoffe ich, Ihnen so viel vermittelt zu haben, daß Sie schon mit der Arbeit beginnen können. Es ist ein Weg, und er hat die Vorteile, aber auch die Nachteile jedes Weges. Es ist darüber hinaus ein sicherer Weg, der vor vielen Verirrungen und Gefahren behütet, und hat darum die Vorteile und die Nachteile eines sicheren Weges. Wenn Sie beides nun nicht so nehmen, daß Sie von jetzt an jede Weglosigkeit und jede Unsicherheit vermeiden, sondern wenn Sie, abgesehen von dem, was da vor Ihnen liegt, weiterhin den Mut haben zum Schritt vom Wege und die Kühnheit in die Unsicherheit und damit die Kräfte üben, die nur in der Unsicherheit und in

der Weglosigkeit wachsen können, dann wird dieser Weg etwas Fruchtbares für Sie sein können.
Möge Sie das, was Sie mit dieser Arbeit verbindet, immer weiter in die Höhen emportragen, nach denen wir uns sehnen, und Ihnen Freude am Dasein schenken und die wunderbare Möglichkeit, die Gefäße des Schicksals, die Ihnen von Stunde zu Stunde gereicht werden, bis zum Rand zu erfüllen – nicht nur mit einem Strom von Mühsal, sondern mit einem quellenden, lebendigen Wasser, das mitten aus Ihrem Inneren und damit aus der Ewigkeit strömt.